西原春夫先生在华演讲集

奇点临近

迎面而来的技术变革与法学家的课题

〔日〕西原春夫 著　　于改之 译校

北京大学出版社
PEKING UNIVERSITY PRESS

图书在版编目(CIP)数据

奇点临近:迎面而来的技术变革与法学家的课题/(日)西原春夫著;于改之译校. —北京:北京大学出版社,2023.7
ISBN 978-7-301-33846-9

Ⅰ.①奇… Ⅱ.①西… ②于… Ⅲ.①刑法—文集 Ⅳ.①D914.04-53

中国国家版本馆 CIP 数据核字(2023)第 047840 号

书　　　名	奇点临近:迎面而来的技术变革与法学家的课题 QIDIAN LINJIN: YINGMIAN ERLAI DE JISHU BIANGE YU FAXUEJIA DE KETI
著作责任者	〔日〕西原春夫　著　于改之　译校
责任编辑	方尔埼
标准书号	ISBN 978-7-301-33846-9
出版发行	北京大学出版社
地　　址	北京市海淀区成府路 205 号　100871
网　　址	http://www.pup.cn　http://www.yandayuanzhao.com
电子信箱	yandayuanzhao@163.com
新浪微博	@北京大学出版社　@北大出版社燕大元照法律图书
电　　话	邮购部 010-62752015　发行部 010-62750672 编辑部 010-62117788
印刷者	北京中科印刷有限公司
经销者	新华书店
	880 毫米×1230 毫米　32 开本　6.75 印张　101 千字 2023 年 7 月第 1 版　2023 年 7 月第 1 次印刷
定　　价	49.00 元

未经许可,不得以任何方式复制或抄袭本书之部分或全部内容。
版权所有,侵权必究
举报电话:010-62752024　电子信箱:fd@pup.pku.edu.cn
图书如有印装质量问题,请与出版部联系,电话:010-62756370

著者序文

西原春夫

　このたび私の在華講演集が北京大学出版社から発行されることになった。まことに光栄なことで感謝に堪えない。出版を企画し、総指揮をとってくださった　北京大学の陳興良先生、編集の実務に携わってくださった華東政法大学のゆう改之先生、出版を引き受けてくださった北京大学出版社の蒋浩副編集長を始め、多くの関係者各位に心から御礼申し上げたい。

　私が初めて中国を訪問したのは1982年、中国で初めて講演をしたのは1986年のことだった。以来最後に中国を訪問した2019年まで中国で講演にご招待頂いた回数はおそらく50回を超えると思われるが、そのうち20点の講演は2008年に、上掲ゆう改之先生のご厚意で山東大学出版社から「刑法・儒教与亜洲和平」という表題の本に纏められて出版された。 したがって、このたびの在華講演集は2冊目で、2009年以降に中国で行なった20回余りの講演中 10 点が登載されている。

　本書の表題は「シンギュラリティは近い——迫って来る技術革新と法律家の課題」とされたが、直接この問題に正面から取り組んだのは、6 番目の講演に限られている。 ただ広い意味では、その他の講演も、大部分、科学技術の発展・社会生活の変化・刑事法学・刑事司法への影響に着目したものだったことは確かである。

　この点に関し読者の皆さんに注目して頂きたいのは、この「奇点」という視点が、全然別な形でもう一度出てくることである。 それは最後の講演「中国有力量建立理想社会」の末尾である。

　この講演は、2021 年 10 月に北京で開催された大きなシンポジウムの開幕式で、基調講演の一つとしてオンライン方式で行ったものであるが、ここで私は、社会主義国は共産主義という理想の実現を目指して常に「改革・向上・変化」することに特徴があり、今の中国もその途上にあると考えている。中国の指導者が近い将来中国はどうあるべきかを考えているとすれば、その場合、ぜひ視点の中に入れるべきなのは、経済政治機構に絶大な変化をもたらす「奇点」だと主張した。

　この観点は参加者の大きな関心を呼んだようで、シンポジウムの共催者である「中国社会科学雑誌」から、この講演の内容を基礎にしてそれを拡大した論文を書いてほしいとの依頼が来た。その成果が、最近同誌43巻1号として発行された、講演と同名の論文ある。そこで私は、奇点が「民主主義か強権主義か」「資本主義か社会主義か」の対立を融和する方向に働き、それはどちらかというと社会主義中国にとって有利だという主張をした。これは法律学とは直接関係ないが、興味深い視点だと思うので、読んで頂ければ幸いである。

　登載された幾つかの講演の中には、中国とかかわったいくつかの強烈な思い出が登場する。その中でも、二人の同年配の畏友、馬克昌武漢大学教授、高銘暄中国人民大学教授について語れたことは幸いだった。お二人は戦後中国刑法学の開拓者と評価されるべき逸材で、「南馬北高」とも称えられていた。私など足元にも及ばないお二人だが、大変親しくお付き合いさせて頂いた。これもお二人の優れたお人柄の表れと言ってよいであろう。

　こうして振り返って見ると、茫々40年、その時その場所で触れ合った非常に多くの方々の面影がよみがえって来る。無限のなつかしさをこめて、短い序文の筆を擱く。

2022 年 4 月 1 日

作者序文

西原春夫 著 于改之 译*

值本人在华演讲集由北京大学出版社出版之际,深感光荣,不胜感谢。在此,谨向策划并指挥本书出版的北京大学陈兴良教授、负责编集工作的上海交通大学凯原法学院于改之教授,以及欣然接受本书出版的北京大学出版社蒋浩副总编辑等相关各位,致以衷心的谢意!

我初次访问中国是在 1982 年,而首次在华演讲则在 1986 年。自那时至 2019 年,我在中国应邀演讲的次数已达五十余次。承蒙于改之教授厚谊,其中前二十次演讲内容已经以《刑法·儒学与亚洲和平:西原春夫教授在华演讲集》为题,于 2008 年由山东大学出版社出版。因此,本书系我第二本在华演讲集,收录了自 2009 年之后二十

---

* 西原春夫,已故日本早稻田大学名誉教授、前校长;于改之,上海交通大学凯原法学院教授。

多次演讲中的十一篇。

本书名为《奇点临近：迎面而来的技术变革与法学家的课题》，但真正直面该问题的只有其中第六次演讲。当然，广义上其他大部分演讲亦着眼于对科技发展、社会生活变化以及刑事法学、刑事司法的影响等。关于这一点，敬请读者诸君注意的是，"奇点"这一视角会以完全不同的形式再现，相关内容请参见最后一次演讲即《中国有建设理想型社会的能力》的结尾部分。

《中国有建设理想型社会的能力》是以线上演讲的方式，于2021年10月在北京召开的大型研讨会开幕式上所作的主旨发言。在我看来，社会主义国家为了实现共产主义理想，总是具有"改革·进步·变化"等特征，今天的中国正处于该发展路途中。我当时主张，如果中国领导人正在思考中国的未来走向，则务请将可能给经济政治结构带来重大变化的"奇点"纳入视野之中。

该视角似乎引起与会者的高度关注，因为作为研讨会共同举办方的《中国社会科学》杂志社希望我对演讲内容适当补充，扩大成论。作为其成果，论文已经发表在《国际社会科学杂志（中文版）》2022年第1期，仍以《中国有建设理想型社会的能力》为题。文章提出，奇点会向着缓解"民主主义还是强权主义""资本主义还是社会主义"的方向发挥作用,但无论如何,最终会有利于社会主义中国。该话题虽然与法学无直接关系,但不失为一个令人寻味的视角,敬请阅读。

在收录的几篇演讲中,出现了一些与中国相关的强烈思念与美好回忆。其中,尤其荣幸的是与我年龄相仿的两位诤友——武汉大学马克昌教授、中国人民大学高铭暄教授。二位先生是新中国刑法学的开拓者,被学界仰视为"南马北高"的奇才。虽然我对其望尘莫及,但承蒙不弃,有幸与之亲密交往,恰是二位先生高尚人格的体现。

再回首,茫茫四十年,那时那地,多少人多少事,一一浮现于眼际。怀着无限的思念与不舍,就此搁笔。

2022 年 4 月 1 日于东京

目录

上 编

日本刑法学说史论纲 …………………… 003
中日刑事法学术交流以及与马克昌先生的
　友谊 …………………………………… 025
授予高铭暄早稻田大学名誉博士推荐书 …… 046
日本刑法与刑法学的现状
　——以与社会生活变化的关联为视角 …… 053
刑罚论与行刑学的重要性 ………………… 071
奇点临近:迎面而来的技术变革与法学家的
　课题 …………………………………… 089

国际法的存在与遵守义务的根据
　　——作为探究刑法制定根据的一点成果·········106

下　编

将历史作为重大潮流的见解
　　——以带动亚洲近代史的欧洲史观为重点······127
世界的东亚及其中的中国和日本·············144
从年号的视角看近代日本的过去与将来·········158
中国有建设理想型社会的能力··············178

后　记·················· 于改之　187

上编

日本刑法学说史论纲*

一、19世纪末之前的欧洲刑法学说史

日本刑法学说的发展背景是欧洲刑法学说史及孕育其产生的整个欧洲发展史。之所以这样说,并不是因为日本模仿了欧洲,而是因为其象征性地代表了人类在这段时期的历史发展。

欧洲近代刑法学产生于18世纪中期所盛行的"启蒙主义思想",并以其为基础发展而来。在当时,启蒙主义之所以盛行,是因为15~16世纪逐渐发达的工商业渐渐受到了封建制度的制约。封建制度是以农业为中心的经济与政治形态,其在欧洲曾长期处于支配地位。

---

* 本文根据西原春夫先生2014年10月12日在东南大学法学院的演讲稿整理而成。原载于《法学》2015年第2期。翻译:刘建利,东南大学法学院。

为此，启蒙主义者首先开展了尖锐批判封建制度内在缺陷的运动，并以此为基础，尽全力探索和解明应该代替封建制度的政治形态及其理论基础。封建制度以世袭制和身份制为根基，其前提是人与人是有差别的。因此，为了推翻封建制度，只能主张人人平等。在当时被当作武器来使用的是"以理性为中心的人类观"，该人类观认为，人在出生时都被平等地赋予了理性，而人是能够依照理性采取行动的高级存在。随后，以此为基础，以权利、自由、议会制民主主义为支柱的国家制度逐渐被提倡和强调。

1789年的法国大革命彻底摧毁了封建制度。虽说法国大革命并不是基于启蒙主义理论，但不可否认的是，其发生的背景是当时的时代思潮已经不能再继续支持封建制度。因此，革命之后，法国所形成的国家形态是以启蒙主义理论为支柱的议会制民主主义国家。至19世纪前半叶，欧洲国家几乎都成功地进行了市民革命，并最终形成了一种发展趋势。

启蒙主义理论不仅影响了国家形态，而且促使与人权具有紧密联系的新的刑法原理体系的形成。罪刑法定主义、责任原则等几乎被所有国家的刑法理所当然地采纳的近代刑法基本原理都产生于当时，并迅速影响了欧洲所有的国家。

被普及的还不仅仅局限于这些刑法基本原理。启蒙主义理论还促使新的"刑法理论"得以形成，即如果人人生而平等，只要所犯的违法行为质和量相等，那么，就应该承担相同的责任，就应该被自动处以相同的刑罚。正如这样，近代刑法学正是由以客观主义、报应刑论为支柱的"古典学派（旧派）"刑法理论为起点发展而来的。

但是，较为纯粹的古典学派刑法理论并未能持续多久。市民革命打破了封建制度，建立了民主主义国家，这些都缘于人类要促使经济飞速发展的欲求，因此，成功实现上述欲求的欧洲诸国迅速完成了产业革命，最终成功地实现了资本主义的飞跃性发展。但是，众所周知，这同时也带来了深刻的社会问题——犯罪现象出现了巨大变化，具体表现为犯罪数量的激增、犯罪的都市化、社会弱者（贫困者及失业者等）犯罪的增加等。

此外，促进了产业革命发展的科学技术，或者说是为科学技术发展提供基础的自然科学进步成果是另一个新因素。如上述用来打倒封建制度的武器曾经是以理性为中心的人类观，而到了产业革命之后，根据急速发展的医学、精神医学、心理学及社会学等研究成果，人们清楚地发现素质和环境对人的行为的影响非常大，而且对每一个人的影响也各不相同。正是这些认识从根本上动摇了"古典学派（旧派）"刑法理论的根基。其结果就是，到了19世纪后半叶，理所当然地兴起了新的刑法理论，冲在最前面的就是所谓"近代学派（新派）"刑法理论。当然，该理论并不是一开始就处于支配地位，尤其是在法国，在学界长期拥有主要影响力的是批判纯粹的古典学派及以古典学派为基础并考虑犯罪者个人差异性的折衷主义刑法理论。其实，这才是日本在明治维新后最初从欧洲引进的刑法学说。明治维新发生在1868年，日本最初的刑法典制定于1880年，在当时，欧洲已经出现了古典学派维持不下去的现象，所以，在日本，从来没有人主张纯粹的古典学派刑法理论。

自然科学的发展不断地给人类提供了前所未知的知识，所以，不难想象为此而震惊的人类很容易就陷入自然科学万能的思想境地。在这样的氛围当中，针对刑法、犯罪和刑罚也就出现了彻底贯彻自然思想的刑法理论，这就是"近代学派（新派）"刑法理论。该理论的先驱者为从分析犯罪者的头盖骨而提出生来性犯罪人这一概念的龙勃罗梭（Lombroso）以及将此方法扩大运用到社会学领域的菲利（Ferri）和加罗法洛（Garofalo）等意大利学派的学者，最终对其进行体系化的是德国学者李斯特（Franz von Liszt）。该理论在19世纪末到20世纪初已经变得颇具影响力，与之前的"古典学派"及"折衷主义"刑法理论展开了非常激烈的争论，这就是被后世广为传颂的"学派之争"。

依据作为"近代学派"理论基础的人类观，素质和环境对人类行为的影响非常大，特别是对犯罪行为更具有决定性影响。因此，该理论主张，刑法上的责任并不是"古典学派"所说的具有理性的人抵抗不住自己的欲望而从事违法行为而承担的道义上的责任，而是犯罪人通过违法行为所呈现出来的人身危险性，刑罚并不是根据道义上的责任而科处的报应，而将其视为针对犯罪人的人身危险性而守护社会的防卫手段。

如果将"近代学派"与"古典学派"进行对比就可以发现两者具有以下区别："古典学派"采用的是重视违法行为轻重的"客观主义"，而"近代学派"采用的则是看重由违法行为所体现出来的犯罪人人身危险性的"主观主义"；"古典学派"追究的是"道义责任"，而"近代学派"则把与人身危险性相对应的"社会责任"作为刑罚的基础；"古典学派"认为刑罚的本质是

"报应",而"近代学派"则认为刑罚是为了实现社会防卫这一"目的"的手段。

简而言之,"古典学派"采用的是客观主义、道义责任及报应刑论,与此相对,"近代学派"采用的则是主观主义、社会责任及目的刑论。对于具体问题的理解,两派相互之间曾展开过激烈的争论。

二、1945年"二战"结束前的日本刑法学说史

从19世纪末至20世纪初,欧洲刑法理论的变迁大致如前述。至于其之后的状况,暂且割爱,在此先概括性地介绍一下从明治维新到1945年"二战"结束前的日本刑法学说史。

如上所述,日本的刑法学说最初引进的是当时在法国最具影响力的"新古典学派"(折衷主义)的刑法理论。其理由很明显,因为当时的政府成功地实现了明治维新,最为重视的政策就是要避免被殖民地化,采取的方针就是确立与当时先进国家大致相同的国家制度、法律制度和裁判制度,而在当时,成为学习榜样的就是被称为欧洲近代法代表的法国法律制度(拿破仑法)。

日本明治政府为了早日确立法律制度,于1873年

邀请巴黎大学教授布瓦索纳德（Boissonade）参与了法国法的授课及立法准备工作。那时的布瓦索纳德受到奥拓朗（Ortolan）的影响，采用的立场正是"折衷主义"。奥拓朗正是意识到19世纪后半叶的刑法理论新动向，对旧的"古典学派"刑法理论展开批判并对其进行修正的折衷主义刑法学者，因此，在明治维新之后，日本于1880年制定的第一部近代刑法典就一定程度上反映了布瓦索纳德的学说倾向。也正是因为有了这样的立法背景，日本最初的刑法学说是以法国流派的"折衷主义"为出发点的。

不过，1880年的刑法典在制定当初就遭人批判其不符合日本的国情。而且，在日本，为了避免被殖民地化，即使采取议会制民主主义，其理所当然的前提仍是继续继承天皇制，所以，随着对应然国家形态探讨的不断深入，与采取总统制的法国相比，学者们开始逐渐将目光转向与日本同样采取帝政的英国和德国。在普法战争中战胜了法国，在皇帝身边配置了强有力的官僚和军队的德国国家形态更适合日本的观点逐渐占据上风。于是，在19世纪80年代中期，日本制定的宪法就是以当时的德国宪法为蓝本的。

这种发展结果对于当时的日本而言理所当然，因为日本在当时成功地避免了被殖民地化，作为后发展的资本主义国家终于加入发达国家的行列。为了避免在与其他发达国家的竞争中落败，对于当时还是以国家主义和军国主义为后盾、尚不成熟的近代国家日本而言，这是必然的发展趋势。因此，这种趋势也对随后的日本立法及法学理论产生了决定性的影响。日本1907年颁布的新刑法典，虽说未必能体现军国主义，但其以1880年的旧刑法典为基础，大幅引进德国1871年刑法典中的制度。而且，这种趋势也影响到了刑法学者的研究动向，学者们倒向德国刑法学体系的趋势也在逐渐增强。

在日本的刑法学说向德国刑法理论倾斜的同时，上述近代学派的刑法理论也逐渐被介绍到日本，刚开始时，学界的反应还比较温和，但最终还是出现了彻底主张该理论的学者，他就是牧野英一。牧野写了很多著作和论文，影响力非常大，再加上与当时的社会形势相结合，近代学派的理论逐渐变得有力，成为不能被忽视的存在，在学界当中也出现了不少支持者。但是，在犯罪论、刑罚论等刑法学的中心领域，牧野的理论并未能成为主流。大场茂马、泷川幸辰、小野清一郎这些基本立足于古典学派立场的学者的意见仍然占据通说的地位。但是，在刑务所中的自由刑执行方法等行刑领域，"近代学派"的主张取得了当时未曾有过的成果，极大地促进了刑事政策的发展。就是在此状况下，日本迎来了1945年的"二战"结束。

三、1945年"二战"结束后的日本刑法学说史

在概观1945年之后的日本刑法学说史时，需要留意的，是推动刑法学说发展的决定性要因是被日本宪法所引入的强调基本人权的思想。战后日本宪法的制定受到美国占领军的强烈影响，因此，其主要目标就是排除战前的国家主义、军国主义及封建主义思想，结果就是重点确立了非常有特色的和平主义、基本人权及自由、民主主义。

日本在战后这样的基本方向的变化当然会对与人权联系紧密的刑法学说产生重大影响。首先，由牧野英一所代表的"近代学派"刑法理论成为被批判的对象，其支持者在逐渐减少。"近代学派"之所以被强调基本人权的立场所批判，是因为该学派认为刑罚的本质是"善"。"近代学派"认为刑罚是防卫社会的手段，特别是去除危险犯罪者人身危险性的教化、改善手段（教育刑论)，因此，其容易倾向于主张应该尽可能早、范围

尽可能大地动用刑罚。牧野英一甚至主张"刑法解释无限性",针对犯罪论中的具体问题,其刑法学说展开的都是在最大范围内认可处罚可能性的见解,很显然,这与保护人权的立场是相对立的。

其次,上述状况所导致的结果是,"二战"后的日本刑法学说基本上倾向于"古典学派"的立场,以客观主义、道义责任、报应刑论为基础。与近代学派相反,认为刑罚是"必要的恶"。

在客观主义立场当中,能够称为日本特色的是"构成要件论"。该理论具有能够表现人类历史发展的特征,这一点从学术性的角度而言也是令人感兴趣的。

如上所述,"近代学派"登场的历史背景是,在19世纪的前半叶,市民革命取得了成功,在确立了适合资本主义发展的政治形态的欧洲,作为资本主义自身的发展欲求,为了推进产业革命而大力提倡振兴自然科学,从而不断地涌现出自然科学新发现。人类迈进了自然科学万能的时代,此前人类只能是分析事物的主体,而此时人类也成为能够被分析的客体。此前人们一直认为人的行为是受人的主体意志所支配,随着医学、精神医学、心理学及社会学等学科的发展,人们逐渐发现即使是人的行为也与物一样全部存在因果支配。自然科学的进步，使人不断地趋向于物，最终导致人逐渐丧失了人的主体性及尊严。对这种趋势的心理抵抗同对自然科学进步追求之间的斗争在19世纪末达到巅峰。

"人不是物，而是主人公！"这一来自心底的呐喊，在世纪交替之际成为一种突然兴起的哲学思想，转眼之间席卷了整个德国哲学界。这就是"新康德学派"的理论，其实这也正是"构成要件论"的思想背景。

我觉得"新康德学派"的哲学是人类所有思考模式中最能体现人类优越性的思考方式。之所以这么说，是因为"新康德学派"主张，先于人类认知的、作为认知对象的外界存在，都是既无名也无形的无序之混沌存在，人类通过悟性对其进行认知之后，才开始被归纳整理，才算是拥有了存在的意义。

自然科学将人与物同等看待，而"新康德学派"则恢复了人类的主体性和尊严，因而受到社会大众的热烈拥护，并在各个学科领域获得运用。其在刑法学领域的运用，就是"构成要件论"。

老师上课时使用的是桌子，大家上课时使用的是桌子，在家里吃饭时使用的也是桌子。形状完全不同，但为什么我们会知道它们都是桌子呢？对于这个问题，"新康德学派"是这么考虑的，即在人类认识到这是桌子之前，眼前所呈现的都是混沌而无序的世界。但是，在人类开始认识活动之前，已经先验性地存在了可以囊括所有桌子形状的"桌子"这一观念像，人类可以用此去认识桌子。而且，这还不仅仅局限于桌子，对所有的物体都是通用的。所以，人们才能够认识到这是椅子，这是树，这是花等。在此基础之上，人类对已经认识到的对象才能够继续加以这个漂亮、这个太大、这个方便等价值判断。

接下来介绍的"构成要件论"就是以"新康德学派"的思想为基础形成的。在法学家的头脑中，首先被赋予一些先验性的观念像，如囊括了所有可能出现的杀人形态的"杀人"、囊括了所有可能出现的偷东西形态的"盗窃"。法学家的思考过程是，首先从眼前所展现的无序而混沌的存在当中选出与这类观念像相符合的行为，然后再判断其是否违法、是否有责，最终确定处罚对象。而这其中的观念像则被命名为"构成要件"。

一般认为，"构成要件论"最早出现在德国学者贝林（Beling）于1906年所著的《犯罪论》当中。为了更好地说明"构成要件论"的特点，在此先介绍一下德国的犯罪论体系。德国犯罪论体系将犯罪的成立要件分为违法性和责任，如果某一行为违反了规范，即违反了刑法中"要做……"或"不许做……"的命令或禁止，就是"违法"。在这当中，如果还可以继续认定行为者"不合情理"，能够对其加以谴责和非难的场合就是有"责任"，只有这样才可以认定成立犯罪。在很早之前德国就确立了这样的理论体系。据说在中国近年开始主张与此相类似观点的学者也在增多。

对此，贝林认为违法乃是一种价值判断，不同的法官可能会有不同的判断。因此，他主张为了避免这种情形，在判断违法性之前，必须要考虑以刑法条文为基础的"构成要件"（Tatbestand），如有必要先判断是否符合杀人、盗窃、伪造货币等构成要件。虽然"构成要件"概念本身早就已出现在德国之前的犯罪论中，但是，将"构成要件该当性"这一要素上升为独立的犯罪成立要件，而且将其放在违法性这一成立要件之前就是贝林理论的特色之处。

贝林的理论也被称为"构成要件论"，在很长一段时间内都是德国刑法学界的讨论对象。但问题的焦点在于，如果构成要件都是由"事实认识"——即通过人的五官能够确认其存否的要素（所谓"事实要素"）——而构成是没有问题的，但在刑法的条文当中，原本就含有很多必须通过价值判断才能确定其存否的要素（所谓

"规范要素"），在这种场合，判断违法性之前，真的还能够独立判断构成要件该当性吗？以中国刑法为例，强制猥亵罪当中的"猥亵"，侮辱罪、诽谤罪当中的"侮辱""诽谤"，各种有组织犯罪中的"黑社会""邪教组织"，妨害文物管理罪中的"贵重文物"等，如果不使用文化的价值尺度，是不能对其存否进行判断的。

另外，在法条当中，如走私罪中的"以牟利或者传播为目的"，持有、使用假币罪中的"明知是伪造的货币"这样的主观要素也同样不同于客观要素，仅仅依靠事实认知是不能判断其存否的。这样的构成要件该当性真的能够从违法判断中独立出来吗？这就是对贝林理论的最大批判。贝林自己也接受了这一批判，他在晚年（1930年）曾主动承认完全由客观的记述要素构成的构成要件并不是"犯罪的轮廓"而应该是用来指导立法的"指导形象"。

尝试将该问题放在"构成要件论"范围之内解决的是麦耶（M. E. Mayer）的《德国刑法总论》（1915年）和梅兹格（Mezger）的《刑法》（第3版）（1949年）。前者主张构成要件其实包括主观的规范要素，这样不但可以确保构成要件该当性范围的明确性，而且可以使构成要件成为违法性的"认识根据"（虽然还留有疑问），从而使两者仍然保持独立。与此相对，后者则将麦耶的见解继续向前推进，将构成要件作为违法性的"存在根据"，虽然保留了"构成要件该当性"这一概念，但是，将其埋没在违法性当中。换言之，梅兹格认为构成要件是"违法行为的类型"，虽然在概念上放置于"违法性"之前，但在判断某一行为是否符合构成要件时，是将其放在判断违法性这一过程中进行的。

发展到这一步，贝林当初倡导"构成要件论"的趣旨，即通过在判断违法性之前先判断构成要件该当性来用法条束缚法官判断的趣旨，已经基本不能体现，甚至可以说是完全落空。但是，可以肯定的是，以此作为争论的结局，是最容易让人接受和理解的。

将构成要件该当性作为独立的犯罪要素且放在违法性之前进行判断的"构成要件论"，早在1945年之前就已经被在前面提到的泷川、小野两位先生所提倡，到了战后，成为日本刑法学界的主流。特别是到了20世纪50年代的后半期，团藤重光、大塚仁等学者在其教科书中甚至称其为必读理论，导致其影响力大大增强，因为其顺应了强调基本人权的战后宪法思想。

当然，日本刑法的"构成要件论"从一开始就包含着一些条理不清的地方。具体而言，其一，依据纯粹的"构成要件论",如前述关于"桌子"的说明,构成要件该当性的判断对象肯定是"无限定的混沌存在",所以,犯罪概念的第一要素应该是构成要件该当性,但是,日本的"构成要件论"者都是将犯罪概念的第一要素归为"行为",并已经对其进行了限定。从这一点来说,彻底贯彻纯粹"构成要件论"的是麦耶,他主张构成要件该当性的判断对象是无限定的"存在",并没有将"行为"这一已经被限定之要素作为犯罪概念的第一要素。可以说他对"新康德学派"的方法论进行了完美阐释。而关于这一点,日本的"构成要件论"者却并不在意。其二,如前所述,明明构成要件并不能排除主观的规范要素,构成要件该当性的判断必须放在违法性判断当中来进行,却仍然若无其事地将构成要件该当性这一要素放在违法性这一要素之前。好在后来学界逐渐倾向于梅兹格的理论,才使争论得以平息。

依前述,在"二战"后的日本,"构成要件论"者都把犯罪概念的第一要素认定为"行为",其实这是受到了"二战"前后欧洲大陆所盛行的一种思想的影响。

"二战"时期的德国纳粹虽然有些时候直接脱离法律实施了很多非人道的残虐行为,但很多时候是先通过制定允许其实施非人道的残虐行为的法律,然后再加以实施的情形。这是当时纳粹德国的一个特别之处。到了"二战"之后,针对此现象,人们提出了质疑:"恶法是法吗?如果'恶法不是法',那么,其理论根据又是什么?"于是在此情形之下,人们逐渐否定"实定法的绝对信赖性",开始强调"超越实定法的自然法"。"构成要件论"是以信赖实定法为前提的,所以,到了"二战"之后,学者们逐渐倾向于否定纯粹形式的"构成要件论"。

此外,作为"构成要件论"理论基础的"新康德学派"的哲学思想,虽然具有为人类赋权的优点,但是其所体现的人类形象有脱离现实过于理想化之嫌。人们在战中及战后活生生的生活体验中终于意识到这一点,开始主张人类形象应该是一种自己的人生只能由自己去开拓的个别而具体的人类形象。受此影响,"新康德学派"的人类观迅速衰退,取而代之的则是以实存主义为代表的"新人类观"。

这种思想倾向在刑法学中所引发的结果是强化了人们认为犯罪首先是人类自身所实施的"行为"的想法。犯罪概念的出发点,是反映人意志的作为社会现象的行为,在此基础上才能再增加构成要件该当性、违法性等评价,这种观点显然是受到了"二战"前后思想变迁的影响。在"二战"后的德国,这样的"行为论"成为学界的主流。

在"行为论"的内部,第一个争点是关于"行为"的内容,其最为传统的理论是"因果行为论",认为人的行为是"受意志决定支配的身体上的动静"。现在日本的通说基本持此观点。与此相对,战后在德国曾红极一时的是威尔哲尔(Welzel)所提倡的"目的行为论"(finale Handlungslehre)。依据该理论,人类行为的特征在于出于某种目的而支配因果,与主张在行为阶段并不考虑主观意识的"因果行为论"不同,作为刑法评价对象的行为,乃是"为了追求某种特定目的的态度"。

在日本,虽然也有福田平、平场安治、木村龟二等学者赞成"目的行为论",但是,由于该理论被批判不能将过失的不作为认定为犯罪,而且也很难对过失犯和不作为犯作体系性说明,所以在学界逐渐丧失了主流地位。之后,登场的是"社会行为论"。"社会行为论"认为行为是指"能够被意志所支配的具有某种社会意义的运动或静止"。我和佐伯千仞、吉田敏雄、井田良等学者的见解虽然在表述上略有不同但都同属于"社会行为论"。

第二个争点是关于违法性内容的"行为无价值论"

和"结果无价值论"的对立。在刑法规定的犯罪当中，有一些犯罪，如中国刑法中的遗弃罪、组织邪教组织罪等，并不以结果发生为前提，只要存在特定的行为，就有可能成立犯罪，所以，即使是"结果无价值论"者也并不否定对行为无价值的处罚。

但以盗窃为目的，将手伸入别人衣服的口袋里，可钱包并不在那个口袋而是在其他口袋里，在这种场合，究竟是成立盗窃罪的未遂，还是作为不能犯不处罚，在"行为无价值论"和"结果无价值论"之间则存在争议。违法性的实质是法益侵害或法益危险，但是，究竟在什么场合才算是发生危险，关于这一点可以存在不同的观点。此处，不仅涉及处罚基准的问题，还涉及作为违法根据的违法性本质，具体而言就是关于"危险"内容的问题。这就是"行为无价值论"和"结果无价值论"的对立。两者在违法阻却本质论、错误论、共犯论等众多领域中，关于犯罪成立的界限都存在争论。两者的差异最终可溯源至各自的刑法观及刑罚观，所以，无论哪方都不会轻易妥协。

第三个争点是关于"客观归属论"必要性的问题。该问题在日本起始于大约20年前，直至今天仍未分出胜负。在此之前，争议主要限定在关于因果关系的存否是采用"条件说"还是采用"相当因果关系说",或者是在后者当中是采用"客观说"还是采用"折衷说"。

但是,德国从20世纪70年代起,以仅仅凭借相当因果关系的有无并不能作出恰当判断为由,出现了以下见解:关于因果关系的有无,首先采用"条件说",在此基础之上"当行为者引发了结果,只有当行为者创设不被允许的危险,该危险作为构成要件的结果而得以实现,而且该危险在构成要件的射程范围之内,就可以将其客观地归责于行为者的行为",这就是"客观归属论"。"客观归属论"的产生根据是,人们意识到当行为者的危险行为与结果之间介入异常因素时,依据"相当因果关系说"只要不存在预见可能性就会一律否定因果关系,但在这当中有部分场合否定成立犯罪却并不合理。为了解决该问题,有人开始认为有必要使用"客观归属论"。日本受到德国的影响,山中敬一、高桥则夫等学者表示支持该理论。但与此相对,也有学者(如佐伯仁志)认为这类问题可以在"相当因果关系说"的内部来解决,否则,将会使犯罪论的体系变得不明了,主张没有必要使用该理论。

最后想要介绍的,是日本从大约20年前就开始出现新的刑事立法动向。概括而言,其特征就是存在法益保护早期化、法益概念抽象化、抽象危险犯扩大化、危险过失犯重罚化等趋势。

该刑事立法新动向产生的背景是：自20世纪80年代起，日本出现了之前几乎未发生过的因异常行为而导致案件频发的现象。从世界范围来看，确实存在各国针对激进恐怖主义行为都采取刑事立法的趋势，但是，在日本几乎不存在恐怖主义行为，因此，因异常行为而导致案件频发的现象，与其说是受到恐怖主义的影响，不如说主要是因为各种现代化信息设备的发展而导致的人格扭曲。

最早对这些新型犯罪做出反应的是被害人及其家属等团体，他们强烈要求采取新的法律规制，从而推动了新的刑事立法。在这些刑事立法活动中，刑法学者所起的作用完全是被动且消极的，可能的原因是抑制使用刑罚权的传统刑法思想在学者中发挥了一定的作用。

但是，刑法理论也不能完全不反映这些社会生活的变化。以尊重基本人权、抑制刑事刑罚权、限定处罚范围为主的战后刑法思想，发展至今，可以说有越来越强调结果无价值的趋势。关于"危险"的概念，为其提供最大限度限定标准的山口厚说其出现的时间是20世纪70年代，所以，那可能正是日本刑法理论变迁的一个转折点。

自2000年以来，出现了含蓄主张应该重视行为无价值理论构成意义的较为有力的学说（如井田良）。虽然目前还难以断定这能否形成一种趋势，但可以肯定的是，其必定会成为近期学说变迁的一个重要组成部分。

以上，概括性地介绍了日本的刑法学说史，大家应该已经发现，它其实是与社会生活变化以及哲学思潮的变迁息息相关的。虽然我并不知道这对于中国刑法学而言究竟会有何意义，但是，如果这能够成为刑法学研究者考虑历史发展对刑法学的影响和意义（包括是否有必要，以及是否正确）的一个契机，那我将会深感欣慰。

中日刑事法学术交流以及与马克昌先生的友谊[*]

一、中日刑事法学术交流的发轫

1. 我与中国

《日本刑法典》是 1907 年以德国刑法为摹本制定的，正因为有这样一段历史渊源，日本刑法学的发展自然受到了德国刑法学的强烈影响。也正是基于这个原因，我本人自研究生阶段选定刑法作为研究方向以来，就一直致力于德国刑法学的研究，我选择的也是在德国留学。因此，要说离我最近的外国，那无疑首推德国。

对于有这种经历的我来说，自德国之后，关系同样变得非常密切的国家就是中国。说起我与中国之间的关

---

[*] 本文根据西原春夫先生 2018 年 6 月 15 日在武汉大学法学院的演讲稿整理而成。翻译：王昭武，云南大学法学院。

系，那还得回溯到1982年。当时我是早稻田大学的教授，也是大学的副校长，主要辅助前任校长开展工作。不过，在当年6月上旬举行的校长选举中，我当选早稻田大学校长，并于同年11月就任。

早在1982年1月，北京大学通过驻日中国大使馆向早稻田大学提出：希望能首先与早稻田大学签订学术交流协议。我当时在校内负责此事，在充分听取了校内有关中国问题的专家的意见之后，学校决定接受北京大学的提议。并且，当年6月底，为了与北京大学缔结交流协议，我专程出差去北京。对我们早稻田大学而言，这是与中国的大学签订的第一个交流协议；于我本人而言，这也是我迄今多达85次中国访问中的第1次。

由于存在这种交流关系，早稻田大学与中国的关系变得愈发密切，1982年10月，为了纪念建校100周年，早稻田大学计划向国外的相关要人赠授名誉博士学位，于是我特别提议追加当时的中日友好协会的廖承志会长。这一提议得到校方的认可，并最终得以实现。另外，除了北京大学之外，在我的任期内，还与复旦大学、上海交通大学等中国的其他高校签订了交流协议。

2. 中日刑事法学术交流的原委

此后，让我与中国联系变得更为密切的事情，毫无疑问是迄今仍然在持续进行的中日刑事法学术交流。现在，可能只有我一个人知道整个中日刑事法学术交流的来龙去脉，因而也请各位能将我今天所讲的内容留在你们的记忆中。说起来，那还是1986年8月的事情。

在此以前，早稻田大学就已经开展了这样一个项目：邀请中日友好协会及上海市人民对外友好协会的日语翻译来早稻田大学学习，既强化日语，也一并向他们介绍日本的风土人情。也许是出于感谢，上海市人民对外友好协会邀请当时作为早稻田大学校长的我，来上海就日本的教育情况发表演讲。那也是我第一次得见当时的上海市人民对外友好协会的李寿葆会长。

演讲的次日，李会长招待我们夫妇参观游览了杭州、绍兴。至今仍清晰地记得，我向李会长提议开展中日刑事法学术交流，是1986年8月16日在凌晨5点37分自上海发往杭州的火车上。当时担任翻译的，是通过上述项目曾经留学早稻田大学的张国平先生。通过张先生的翻译，我向李会长建议："中国7年前制定了刑法。虽然我们可以说，才经过了7年，但同时我们也可以说，都已经过了7年了。尽管中日之间存在政治体制上的差异，但我想在刑事法领域还是有很多相通的部分的，因此，是否到了两国进行学术交流的时期了呢？"

也许在座各位会认为这个提议再平常不过，但是，我们现在再回过头来看当时的情况，就不得不说，在当时的那种背景下，我的提议是何等的草率，欠考虑。为什么这么说呢？这是因为，虽说各国在刑事法领域确实有不少共通之处，但事实上，刑事法领域也包含诸如死刑，以及侦查、审判、执行阶段的犯罪嫌疑人、被告人、被关押者的人权这种非常敏感的问题，而且，中国当时正因为这些问题遭受国际社会的质疑。并且，虽说是学术交流，但根据实际推动交流的人所持态度的不同，学术交流的内容也有可能完全不同。如果我抱着要否定中国的现状，并试图通过开展所谓学术交流来改变这种现状的想法，想必从一开始就可能会被禁止，同意开展这种交流的李会长也可能难免其责。更重要的是，大家想一下，我与李会长谋面，还仅仅只是一天之前的事情。

考虑到这点，在我看来，李会长的反应原本应该是："这个建议不错！回头我听听相关专家的意见之后再给你答复。"事实上，在当时的背景下，也只有这种反应才似乎更合乎情理。然而，让我没想到的是，李会长的回应竟然是："有意思，一定要做起来！要不就明年在上海开吧。至于费用嘛，由我们协会来承担。"

事实上，自那个瞬间就决定开始进行的中日刑事法学术交流，未曾受到过任何部门的任何干预，一次也没有。并且，这种交流得到了中日双方刑事法学者的高度认同，并得以延续至今。也许李会长感觉敏锐，当时就已经睿智地看到了这种学术交流的远景。但至少可以说，李会长无疑已经完全看透了作为这种交流的推进者的我这样一个人。不得不说，这是充满何等先见之明的，同时又是何等令人惊叹的决断！

回国之后，我马上和几个刑事法学的同僚一同商量了此事，大家的一致意见是"我们得设法做起来"。考虑到如果第二年就召开，准备时间不够充分，索性不如后年再开。对此，上海方面也没提出异议。上海方面与日本方面的联络人分别是李会长与我，上海方面还得到了当时校名尚叫"华东政法学院"的苏惠渔教授的协助，日本方面则以我为中心，各自分头准备，确定人选与议程。经过精心筹备，终于在1988年4月28日至30日，在上海市的天马大酒店，历史上第1次召开了中日刑事法学术讨论会。

会议当天，中方主要是以家住上海的相关人士为中心，也吸引了不少刑法研究人员、研究生、法官、检察官、监狱干警、律师前来旁听。会议结束之后，当天出席会议的人都对讨论会给予了高度评价，并且表达了一定要再开一次的强烈愿望。对此，日方的感受也是如此，于是双方商定再在日本召开一次中日刑事法学术讨论会。最终，在1990年3月，在位于东京的早稻田大学召开了第2次中日刑事法学术讨论会。

早稻田会议也同样得到了各方好评，大家一致认为这种交流非常有意义，于是双方决定今后隔年举行一次，由中日双方轮流承办。事实上，作为发起人的我，当初考虑的仅仅是这种形式的学术交流只要能举办一次或者一个来回，就已经是一件很有意义的事情，因此，在此意义上可以说，我当年的一个想法能发展成为历经30年、至今仍然在持续进行的国际学术交流盛会，这确实是我做梦也未曾想到的事情。

二、中日刑事法学术交流的持续与发展

此后，这种形式的中日刑事法学术交流又是如何得到持续与发展的呢？站在30年后的今天这个时点，我们回过头来看，可以将中日刑事法学术交流的历史大致分为以下三个阶段。

1. 第一阶段

第一阶段是从 1988 年的第 1 次到 1999 年的第 6 次。这一阶段的特点是由上海市人民对外友好协会提供资助，中方的会议地点限于上海。具体而言，这 6 次会议分别是：1988 年的上海会议、1990 年的东京会议、1992 年的上海会议、1995 年的东京会议、1997 年的上海会议和 1999 年的名古屋会议。

在中国，讨论会的地点之所以限于上海，其根本理由在于，该讨论会之所以得以起步，是源于李寿葆会长的英明决断，并且也是在上海市人民对外友好协会的资助下才得以持续举办。

进入 20 世纪 90 年代中期，中国学术水准得到了快速提升，在进行中日刑事法学术交流的过程中，北京及武汉等地都曾提出，希望也能在自己的大学召开这种会议。并且，另一个重要的变化，是李寿葆会长已经离任上海市人民对外友好协会会长一职，在上海再难感受到李寿葆会长时期那样的热忱。经过各种事情的交往，当时我已与中国人民大学的高铭暄先生建立了良好关系，我与高铭暄先生商定，以世纪转换为契机，建立一个全新的学术交流机制，力图以不同于以往的新形式来谋求新的发展。中日刑事法学术交流之所以进入第二阶段，正是由这些缘由所促成。

2. 第二阶段

第二阶段的特征是：（1）各方分别成立"中日刑事法学术讨论会参加者名单""日中刑事法研究会"，以组织对组织的形式开展交流；（2）既往的讨论会是以"刑事法"为名，在此名义之下，研究对象不限于刑法，还包括刑事诉讼法、刑事政策，自进入第二阶段之后，开始专注刑法研究，并且是就刑法中的重要问题开展深入探讨；（3）由中日双方交替举办。

按照这种新的交流形式，2001 年在北京召开了"21 世纪第 1 次（总第 7 次）中日刑事法学术讨论会"（中国人民大学承办，地点为北京新世纪饭店）。此后也继承了这种会议举办形式，又于 2002 年在武汉召开了 21 世纪第 2 次会议（武汉大学承办）。关于第 2 次会议的情况，后面在谈到与马克昌先生的交流时还会详细介绍。在武汉会议之后，又分别于 2004 年在京都召开了第 3 次会议（同志社大学承办）、于 2005 年在长春召开了第 4 次会议（吉林大学承办）。这样，总算起来，中日刑事法学术讨论会就已经达到了 10 次。

但是，中日刑事法学术交流的第二阶段也到此为止。这是因为在长春会议的两年后，由于我也年满 80

岁，考虑到如果这个时候还不交班，一旦我突然倒下，中日刑事法学术交流本身也有可能就此结束。当时完全没有想到，我居然能健健康康地活到90岁。于是，我将日中刑事法研究会会长一职让给了西田典之教授。西田典之当时是东京大学教授，并担任日本刑法学会会长。自此以后，中日刑事法学术交流的形式再次发生改变，由此前的组织对组织的形式转变为由某个学校独立举办。之所以能够顺利地实现这种转换，想必是因为中日之间已经形成了某种惯例，相互之间也建立了相当程度的信任关系及学界的人脉。这样，我彻底退出了中日刑事法的具体交流活动，中日刑事法学术交流的历史也正式步入第三阶段。

3. 第三阶段

具体而言，第三阶段顺利地举办了下述会议：2007年东京第1次会议（东京大学举办）、2009年北京第2次会议（中国人民大学举办）、2011年东京第3次会议（中央大学举办）、2013年西安第4次会议（西北政法大学举办）、2015年东京第5次会议（早稻田大学举办）、2017年无锡第6次会议（东南大学与江南大学联合举办）。出于上述宗旨，我尽可能地不再露面，对于第三阶段的中日刑事法学术讨论会也几乎不再有什么影响。另外，第7次中日刑事法学术讨论会（总第17次）的日程也基本确定，预定2019年在京都召开（京都大学举办）。

不巧的是，由于钓鱼岛问题，中日两国之间的关系陷入低谷，尤其是在2010年至2015年期间，包括民间交流在内的中日之间的各种交流都不得不停止或者延期。但是，我们中日刑事法学术讨论会却纹丝不动未受任何影响。在这样一个特殊时期，我们中日刑事法学术讨论会却能像钟摆那样，按照既有节奏有序地持续举办，客观上来讲，这的确是一件令人惊讶的事情，更是一件特别值得庆贺的事情。一直以来，我们中日刑事法学术讨论会未曾受到政府相关部门的任何干预，可以说，这也从另一方面佐证，中日双方之间已经形成了极强的互信关系。为此，对于作为中日刑事法学术讨论会的创始人与积极推进者的我而言，没有比这一点更令人高兴的事情了。

4. 中日刑事法交流三十年国际学术研讨会

下面还想谈一下今年3月3日的一次会议，这是一件更令我高兴的事情。中日刑事法学术讨论会自1988年起步，到今年正值三十周年，正是在这样一个特别的日子，正是在中日刑事法学术讨论会的发祥地上海，由中方的相关学者牵头隆重举办了"中日刑事法交流三十年国际学术研讨会"。加上包括我本人在内的10名日方学者,与会者多达90余人。

而且,巧合的是,作为中日刑事法交流的发起者与推进者的我本人,还有第二阶段的中方负责人高铭暄教授,今年都正好年满90岁,因而承蒙举办方的盛情,这次会议也多少带有为我们两人90岁祝寿的意思。白天的会议一如既往、自始至终是一场纯粹的学术盛宴,而晚上则完全充满了90周岁生日晚宴的气氛,当时的场景可以说是相当热烈,相当喜庆。

作为我来说,多少还是有些不好意思的,举办方为我们两人准备了与人等高的大蛋糕,而且,还给我与高铭暄先生分别带上了金色的王冠。大家可以想象一下当时的气氛:在全场热烈的掌声中,在"祝你生日快乐"的欢快乐曲的引领之下,我和高铭暄先生头顶金色王冠,携手切开了与我们身体等高的生日蛋糕。在这一瞬间,我的感受就是,这里已经完全没有了国与国之间的界限。

聚集在这里的中日双方的学者,即便没有与我一同走过中日刑事法学术交流的30年,但大多也是很早就彼此认识,并且完全了解高先生与我的好伙伴。大家聚集在一起，祝福高先生与我长寿，想必这是双方参与者的共同心愿。此时此刻，我们之间不通的仅仅是语言，而大家的心意则完全相通。这一瞬间是这样一个特别值得铭记的时刻！这难道不是已经超越学术本身的最大成就吗?！我发自内心地感激你们，也沉浸在此前未曾有过的巨大的满足感与幸福感之中。

三、马克昌先生的登场

1. 与马先生的初次见面

翻开我当年的记事本，上面还清楚地记录了我与马克昌先生的初次见面：时间是1998年6月18日12时，地点是位于东京新宿的希尔顿饭店地下的日本料理店。马先生当时是为了出席国际被害人学会，到访位于东京八王子的创价大学。创价大学的朋友打电话给我，说马克昌先生想见你，希望你能见一见。

此前，我早已从不少中方学者那里耳闻马先生的大名，也知道中国刑法学界素有"南马北高"之说。与作为"北高"的高铭暄先生，已经有不少交往，但与作为"南马"的马克昌先生却未曾谋面。究竟是一个什么样的人呢？我对此也抱有浓厚的兴趣，因而也非常乐意与马先生见面。

日语里面有一个词叫"相性"或者"合性",不知道中国是否也有类似表述。日语辞典上的解释是"性格相合",翻译成中文就是"性格相投""缘分""投缘"。在看到马先生的那一瞬间,我即深切地感受到了何谓"投缘"。可以说,从与马先生相遇的那一刻开始,我们之间就已经完全是同声相应、意气相投。当然,也说不定是因为马先生的人品本身就会让与他接触的"任何人"都有此感受,但至少对我来说,我当时的真实感受是,马先生对我也一定同样有一见如故、相见恨晚之感。这样,自一开始,我与马先生之间的对话就是在一种坦诚友好的氛围之中进行,谈话的内容更是意气相投的双方真情实感的自然流露。

话题当然从我与中国的缘分开始,很自然地我也向马先生介绍了中日刑事法学术讨论会的情况。自1988年以来,会议采用的是隔年举行、双方交替承办的方式,但考虑到中方的会议是由上海市人民对外友好协会提供资助,因而中方的会议地点也仅限于上海。尽管我也曾提出,希望尽可能地将与会人员扩大至全国范围,但仍然难免倾向于以上海的学者与实务工作者为中心。然而,自20世纪90年代中期之后,希望能将会议地点及与会者扩大至全国范围的呼声愈发强烈。为此，我就考虑有必要以世纪转换为契机，沿着这个方向进行改革。

听我谈到这里，马先生当即提出，"那么，21世纪第1次会议就在我们武汉开吧"。马先生当时的神情，我至今依然历历在目。但问题是，有关中日刑事法学术讨论会的这种方向性改革，一直是和北京的高铭暄先生商量的。正是考虑到这种情况，尽管尚未最终确定，但双方大致的意向是，改革之后的第1次会议，还是应该安排在北京举行。

我直言不讳地向马先生解释了这一点，并且进一步说："是否在武汉举行，我们两人在此很难决定。但如果武汉要举办的话，从现在的情况来看，由于已经决定2003年在日本举行，恐怕就只能等到2005年了。"听完此话，马先生又马上提出："等不了那么长时间。如果2001年在北京召开，那么，我希望2002年能在武汉再开一次。"对此，我的回答是："这应该是你们中方内部协调的事情，最好是能直接与高先生交流。"对此，马先生回答说："我和高先生是好朋友，我去找他说说看。"就这个话题，当时也只能谈到这里。

在座各位听到这里，想必你们头脑中想象的是双方第一次见面就开始了这么严肃的话题，气氛想必多少有些尴尬,但事实却完全不是这样。在彼此直抒己见却又充分尊重对方立场这种和谐坦诚的氛围之下,更是在谈笑风生之间,谈话内容也是渐入佳境、愈发深入。现在想来,尽管是初次见面,但那也是一次淋漓尽致地展现马先生伟大人格并给我留下深刻印象的对话。

此后,中日刑事法学术讨论会的 20 世纪的最后一次会议于 1999 年 3 月在日本召开。当年 11 月,我又在北京与高先生讨论今后的方针走向,不仅决定了改革的内容,同时还决定 21 世纪第 1 次讨论会在北京举行。考虑到无论是对高先生还是对我西原来说,马先生都是年长 2 岁的带头大哥,因而我们也商定,既然马先生有此意愿,不妨作为一个特例,2002 年在武汉再开一次。事实上,会议的举办也完全是按照当初的设想有序进行。

2. 中日刑事法学术讨论会武汉会议

我多次参加的中日刑事法学术讨论会中,给我留下特别深刻印象的,应该是 2002 年的武汉会议。会议的议题是共犯问题以及有组织犯罪问题,围绕这些问题深入讨论自不待言,讨论会前后的各种周到安排,以及气氛热烈的晚宴,还有举办方精心安排的三峡之旅,对于我们这些外国人而言，凡事种种都难以忘怀。那是一种事无巨细、尽心尽力的周全接待，堪称"完美"！

留意观察就不难发现，整个会议期间，马先生都是自始至终默默地在后面掌控，并在会议总指挥莫洪宪先生的具体指挥之下，先生的弟子，还有法学院的研究生，都是一丝不苟、有条不紊地开展工作。我们日方与会者看到这种场景，都不由自主、异口同声地喊出了"马家军"。即便是在时隔16年之后的今天，"马家军"当时无比活跃的身姿仍深深映在我的脑海之中。

3. 多达10次的武汉访问培育的与马克昌先生之间的友情

我访问武汉，这一次是第13次。第1次访问武汉是在1990年，是一次无关学术的旅行。由于当时是以早稻田大学校长的身份过来的，黄鹤楼管理方还特意准备了一张大纸，请我挥毫泼墨。我那难看的毛笔字，说不定现在还躺在黄鹤楼的某个角落。

在2002年的中日刑事法学术讨论会武汉会议之前，我已经两次受邀访问武汉大学。2000年10月，武汉大学法学院邀请我到武汉大学演讲，武汉大学还授予我名誉教授的荣誉，这无疑完全仰仗于马先生的大力举荐。

在武汉期间，马先生还曾邀请我参观法院，让我惊讶的是，我和马先生并肩走在法院的走廊上，对面过来的人几乎都要驻足向马先生打招呼。这也让我目睹了马先生在司法实务界的巨大影响力。

2001年6月，我作为国士馆大学的理事长，为了签订国士馆大学与武汉大学的学术交流协议，第2次访问了武汉大学。作为该协议的成果之一，2004年6月至8月，莫洪宪女士与其夫君徐水生先生受邀在国士馆大学进行了为期两个月的学术研究。在此期间，我自己开车，与莫洪宪夫妇去伊豆半岛旅行。这次的旅行地主要集中于曾作为日本的开关之地而闻名遐迩的下田周边，也给我留下了诸多美好回忆。

此后，我又3次访问武汉大学：第4次是参加2002年的中日刑事法学术讨论会武汉会议，第5次是2003年11月参加武汉大学110周年校庆（如果我没有记错的话，今年应该是武汉大学建校125周年），第6次是2005年9月受邀参加马先生80寿诞庆典。其中，印象尤其深刻的是马先生的80寿诞的盛大庆典。当时，先生在众多家人、友人、门生等的簇拥下，满脸洋溢着幸福。当时的热烈场景，我也是永远无法忘记。

作为第7次访问，我又于2006年参加了武汉大学法学系成立80周年暨法学院成立20周年纪念庆典。这里尤其值得大书特书的是，2007年5月，为了祝贺我的80岁生日，马先生专门举办了学术研讨会及庆祝仪式，并邀请我与夫人一同参加。为了一名外国学者，特意举办如此规模的庆祝仪式，想必是史无前例的事情。同时也只能说，这无疑是马先生与我之间超越国界的友情的见证！在祝贺晚宴上，我与现在已经亡故的夫人一同切开了生日蛋糕。于我而言，所有的这一切都是值得我铭记一生的美好记忆！

正如大家知晓的那样，无比遗憾的是，2010年，马先生病倒了。也许是冥冥之中的一种巧合，当时，为了彰显辛亥革命前后捐献全部家产资助孙文开展革命活动的梅屋庄吉的业绩，北京与武汉分别举办了有关"孙文与梅屋庄吉"的研讨会，为了准备以及实际开展这次活动，我又三次访问武汉。利用这个机会，我两次去医院探望了马先生。外国友人特意到医院来探望，马先生当时也显得特别高兴。但没想到的是，这竟成了我与先生的永别。

第12次访问武汉，是在2012年6月为了出席纪念马克昌先生逝世一周年国际研讨会。同样是访问武汉，由于主人已经驾鹤仙去不在其位，这一次已经完全是物是人非、恍若隔世。事实上，参加这个研讨会，对我来说，该是一件何等悲痛的事情！但是，我告诉自己，作为我与马先生之间深厚友情的见证，我无论如何都得出现在现场。在整个研讨会期间，我又深切地感受到了先生的弟子们远在我之上的悲伤。

4. 无限景仰的马克昌先生

2012年的纪念马克昌先生逝世一周年国际研讨会之后，我也就此失去了再次访问武汉的机会。后来，我听说武汉大学校内竖立了马克昌铜像。众所周知，先生是那种淡泊名利拥有飘然风情的雅士，因而我最初的感觉就是，"铜像不适合马先生！"

但过了一段时间，武汉大学给我寄来了先生铜像的照片。看到照片的那一瞬间，我惊得几乎要跳起来。惊讶什么呢？设计者的品位之高，令我由衷叹服。

如果是立像，那不适合先生；如果是在椅子上正襟危坐，那又不是马先生的风格。令人惊讶的是，铜像里的先生是以一种很随性的姿势坐在椅子上，而且，铜像也不是正对法学院办公楼，而是看上去不经意地悄然静坐一旁。这种姿态与先生该是何等地神似！对此，我是深铭肺腑。

不仅如此，特别引起我注意的事情是，先生铜像的旁边座位是空着的。这仿佛是在说："你们想来的时候，尽管过来坐坐，我们可以随便聊点什么。"不得不说，这一构想栩栩如生地再现了先生向青年学者传经授道、教诲人生的慈爱之情。

想到这些，我已无法抑制自己的冲动：无论如何，我得去陪先生坐一会！所有的这一切，都是源于我对已经远在天国他乡的先生的无尽思念。

各位，大家试想一下，能够让一个年满 90 岁的外国人，仅仅只是为了坐在先生身边挽住先生的胳膊，而不惜千里迢迢专程赶来的，除了我们敬爱的马先生之外，还会有其他人吗？想必这就是所谓人之品格！这也正体现了人与人之间的真情。友情，没有国界！诸位，请务必记住我的这句话。

今天是 2018 年 6 月 15 日，一个礼拜之后，也就是 6 月 22 日，是马先生离开我们 7 周年的日子。马先生是我肝胆相照的挚友，这 7 年来，我一直在一种寂寞失落的心绪中度过，我也一直在思考，究竟什么才是真正的马克昌法律思想？马克昌先生远比我经历了更多的人间苦难，尤其是在抗战时期，但先生在我面前一直只字未提，想必先生已经完全超越进入到了另一个境界。经过与马先生的这些年来的交往，我坚信，马克昌法律思想的精髓就在于：直面并超越所有的冲突与矛盾！这里，我衷心期望各位"马家军"的成员，能够承担起这样一个职责：继承马克昌先生的法律思想、仁爱之心、高尚品格，并将它代代传承下去。

"马家军"永在！

授予高铭暄早稻田大学名誉博士推荐书*

基于以下理由，特推荐授予中国人民大学荣誉一级教授高铭暄先生早稻田大学名誉法学博士学位。

记录如下

一、作为刑法学者的高教授

在中国刑法理论界一直存在"北高南马"一词。为了称颂在第二次世界大战之后促进了中国刑法学发展的先驱功臣，这个词语将北方的中国人民大学高铭暄教授和南方的武汉大学马克昌教授的名字并称在一起。两位教授都是我非常熟悉的挚友，但非常遗憾马教授在

---

* 本文根据西原春夫先生2016年6月3日在日本早稻田大学演讲稿整理而成。翻译：孙文，华东政法大学。

2011年已经去世。因此，高铭暄教授可谓当今中华人民共和国最杰出的刑法学者。

高先生作为刑法研究者和教育家都非常活跃。

第一，包括他的附件简历中的代表性著作在内，高先生撰写和出版了大量高水平的著作。从我看到的许多中国刑法研究者的著作、论文中必然会引用高先生的成果，足以见得这些成果是如何引领中国刑法学发展的。

第二，高先生被中国人民大学法学院授予了"荣誉一级教授"资格，是该校为数不多的无退休年龄限制的教授，足以见得他作为刑法研究者和教育家被所在单位给予了极高的评价。

第三，高先生曾担任中国法学会副会长兼该学会刑事法研究会会长（现为名誉会长），可以看出他已经超出了自身单位在全中国备受瞩目。

第四，高先生在总部位于法国的国际刑法协会这一世界性舞台上也建树颇丰。他早年曾担任该协会理事，后又担任副会长兼中国分会会长，2004年9月该协会大会首次在亚洲举办，会议举办地为北京，这也是高先生值得记录的功绩。毕竟连已长期加入该协会的日本也未曾实现这一目标。

第五，2015年4月高先生荣获了具有传统意义的国际社会防卫学会颁发的"切萨雷·贝卡里亚勋章",足以见得他在国际上的声誉隆盛。

二、中日刑事法学术交流中的高教授

要了解他和我以及早稻田大学的关系,就必须从自1988年开始的中日刑事法学术交流进行说明。1986年,时任早稻田大学校长的我,受上海市人民对外友好协会邀请赴华演讲。我认为这其中饱含了对当时早稻田大学(在安藤彦太郎教授等的努力下)通过中日友好协会和上海市人民对外友好协会开展的日语翻译以及日本情况再教育项目的敬意和感谢。当时,我向协会的李寿葆会长提议召开"中日刑事法学术研讨会",李会长当即表示赞同,1988年,该协会在上海主持召开了第一届研讨会。

尽管这是中日历史上的首次,但依然备受好评,因此1990年在早稻田大学举办了第二届研讨会。时至今日已将近三十载,几乎每隔一年就由中日双方交替承办。只是到1999年的第六届研讨会为止,都是由上海主导,因此高先生并未参加。

而我结识高教授却是另有机缘。1993年,因从恩师齐藤金作先生时代以来早稻田大学就与德国马克斯·普朗克外国国际刑法研究所有着深入的合作关系,我受该所时任艾莎所长的委托，共同在早稻田大学举办了"德国与东亚刑法研讨会"，参会方有日本、德国、中国、韩国，这在当时是非常罕见的，尽管如此，此次研讨会能够顺利、圆满地召开，我认为这与担任中方与会者代表的高教授的高瞻远瞩的协助密不可分。

前文提到的"中日刑事法学术研讨会"，直到1999年的第六届为止，中方都只在上海举办过，当时中国其他城市想要举办的愿望越来越强烈，因此以李寿葆会长退休为契机，迎来了一个新起点。这期间作为商谈对象的正是与我关系密切的高先生。他决定了以下新规则：（1）在中日两国分别设立中日、日中刑事法研究会或类似的组织，由两个组织共同主办；（2）隔年举办；（3）场所由中日双方在各城市轮流举办。中方由高先生担任代表，日方由我担任代表。

这种形式的研讨会从2001年北京、2002年武汉、2004年京都和2005年长春一直延续到第十届。

就这样，中日刑事法学术交流步入正轨，为了实现世代交替，高先生和我都隐退了，第十一届以后改为由中日各大学轮流举办的形式，一直到2007年东京大学、2009年中国人民大学、2011年中央大学、2013年西北政法大学、2015年早稻田大学，有条不紊地持续举办到第十五届。2017年似乎已经确定由东南大学举办。此外，2018年恰逢中日刑事法学术研讨会召开30周年，所以计划回到第一届的举办地上海，由华东政法大学举办。

在政治上尚存异见的中日两国之间，并且是在刑事法这一包含敏感话题的领域，如此紧密的交流能够正确地持续30年之久，几乎是一个奇迹。所有中国刑法研究者都知道，这完全是因为中国刑法学界领军人物高铭暄先生作为中国方面代表积极热心地参与其中。

三、高教授与早稻田大学的关系

推进中日刑事法学术交流的确实是我个人，但我认为在很大程度上是基于我和高先生之间的友谊。值得一提的是，在中国我和早稻田大学不仅一直被视为一体，而且这种交流对早稻田大学刑事法研究者的国际活动做出了巨大的贡献。这一点，在这段学术交流历史中随处可见。

当然，如果没有此前早稻田大学对中国的贡献，也很难实现这种学术交流。正因如此，首次在日本召开的第二届研讨会也就理所应当地在早稻田大学举办。

此外，我和高教授相识于1993年召开、举办"德国与东亚刑法研讨会"的过程中。当时作为访问研究者在早稻田大学从事研究工作的李海东博士是高教授的门生，李博士不仅极力向我推荐高教授作为中方与会者代表，而且他作为能熟练运用日语、汉语、德语的要员给予了协助，大会才得以顺利进行。并且由于会场设立在早稻田大学，除了我之外，野村稔和高桥则夫两位早稻田大学的教授也获得了作为与会者活跃的机会。

高教授对这次研讨会给予了很高的评价，也因早稻田大学的热情欢迎深受感动。因此在第二年，即1994年，中国人民大学授予我名誉教授的称号。此外，在1998年我迎来了古稀之年，在筹备古稀祝贺论文集之际，我汇总了包括自己在内的14位中国刑法学者的祝贺论文，不仅登载在论文集上，还在中国独立出版。同年3月，在丽嘉皇家酒店举办的赠送仪式上，高教授将祝贺论文集作为礼物亲自赠予我手。在对我的高度评价背后，还满怀着对早稻田大学的敬意和感谢。

时至今日每一届"中日刑事法学术研讨会"中都有早稻田大学的刑法研究者活跃的身影，这无疑对早稻田大学在中国的声誉日渐增长做出了重要贡献。

在李博士之后不久，高教授还聘用了曾在早稻田大学以访问研究员身份从事研究工作两年的冯军先生作为他所在工作单位中国人民大学的刑法专任教授，这一点似乎也体现了他对早稻田大学的青睐。至今为止，冯军教授一直作为中日之间的桥梁活跃在该大学。

基于以上理由，我认为在日本的诸多大学中，最应当由早稻田大学授予高铭暄教授名誉博士学位，特此推荐，望审查授予。

日本刑法与刑法学的现状*

——以与社会生活变化的关联为视角

一、我和中国

1. 早稻田大学与中国各个大学的学术交流

1949年我考入了早稻田大学的法学部,之后进入研究生院,并经历了从助手、讲师、副教授到教授的职业历程,直到1998年退休,我在早稻田大学度过了49年。

如大家所知,早稻田大学是与中国关系最深厚的日本大学。我想这是由于以下原因吧:清朝末年支持孙中

---

* 本文根据西原春夫先生2018年10月8日在上海交通大学凯原法学院、2018年11月6日在西南政法大学法学院的演讲稿整理而成。翻译:尹琳,上海社会科学院法学研究所。

山而活跃的黄兴、廖仲恺等众多革命家,中国共产党的创始人李大钊,以及第一代中日友好协会会长廖承志等著名人士都曾在早稻田大学学习过。

因此,1982年就任该校校长的我,很快就致力于与中国的大学签署学术协议。和现在完全不同,那时没有一个中国大学与日本的大学签署协议。

最先签署协议的是北京大学。那是1982年的事情了。为了签署早稻田大学与北京大学的学术交流协议,我第一次来到中国,开始了我的第一次中国访问,至今已经是第36个年头了,这次也是我第87次访问中国。

2. 中日刑事法学术交流

我与中国的联系始于与中国大学的学术交流以及对来早稻田留学的中国学生和研究者的关照。在此过程中,从一个偶然的契机开始,在我的专业——刑法领域也开始了中日学术交流。

说来话长,具体过程就不详述了,1988年在上海,历史上第一次举办了"中日刑事法学术讨论会",评价很好,之后便每隔一年在中日两国交替召开一次,直到现在,持续了30年。去年在无锡举办了第16届讨论会,明年将在京都举行第17届。

其间,由于2011年,中日友好关系陷入低谷,中日之间很多持续多年的友好活动或中止，或被迫延期。但是，中日刑法关系完全没有受到影响，仍然像时钟一样按照计划准时继续举办。这真是一件不得了的事情，就这样我们之间确立了信任感。我作为创始者和推动者，感到无比的喜悦。

中日刑法学术交流，今年正好是30年，所以中国的学者们在今年3月于发祥地上海举行了纪念研讨会。不仅如此，25名中国刑法学者还为我发表了661页的《刑法知识的更新与增长——西原春夫教授90华诞祝贺文集》。这可能是历史上罕见的事情吧。6月13日在北京、7月27日在东京举行了献赠仪式。只能说这是我无上的光荣。

3. 建立东亚国际法秩序

我今年90岁了，把这个作为人生的顶点隐居也是理所当然的，但对我来说，无论如何都有件事情必须要做，那就是为了确保东亚的和平，必须在东亚彻底贯彻法治主义。为此，需要建立东亚的国际法学者组织，并且还需要讨论在东亚确立国际法秩序，在这里边，中国作为大国，其参与是不可或缺的。而参与者也必须是中国的法律学家所信赖的人。

本着这样的使命感，我在4年前就制定了这个计划，首先是于2015年设立了日本国内组织——"东亚国际法秩序研究协议会"，并就委员会成员和今后的开展方式进行协商，协商结果是首先由中日两国学者整合问题点，之后和东亚的各国学者一同进行研究磋商。关于中国的参与，从2016年夏就开始磋商，在该年年末上海社会科学院决定承接事务局，并选出了10名委员。而且，去年3月在上海举办了第一届中日国际法学者的研讨会，去年11月在东京举行了第二届，于今年10月在上海社会科学院举办了第三届。可以说中日关系完全走上了正轨。

关于该计划的讨论在中日之间稍微持续一段时间后，还将扩大到韩国和东盟，所以作为创始人的我还必须多活几年。但是这个话题与今天的主题没有直接关系，所以不讲了。下面进入正题。

二、日本刑法的特色

1. 日本刑法沿革

也许中国的学者难以相信，日本刑法制定于距今111年以前的1907年。其后，发生了第一次、第二次世界大战，世界形势与社会生活都发生了剧烈变化，尤其是日本,在"二战"失败后,进行了修宪,国家的情况也发生了根本的变化。但是,时至今日,刑法也没有被废止。

2. 刑法全面修改事业之挫折

但是,从历史上看,迄今为止,作为国家事业,日本对刑法进行了两次全面的修改。

第一次修改始于1921年,着眼于第一次世界大战结束后国内外形势变化。经过长期的审议,修正案基本上处于确定阶段。但是,1940年,战时体制加强,在大力重整政府委员会、审议会之际,废止了审议刑法修正的委员会,战前修改事业受到挫折。

第二次是在"二战"失败11年后的1956年,日本又开始了全面修改刑法的工作。我也在中途参加了这项工作,但随着审议的进行,中坚委员、年轻委员反对政府与审议会领导所持的关于刑法与刑罚的看法,其中在审议会委员改选期还出现了重要委员拒绝改选的情况,对立不断激化。审议会是对"刑法修正草案"进行决议的机构,但审议会内部的对立也影响了外部社会,该草案最终没能实施。

在日本,"二战"前因表达与思想的自由受到压迫,导致无法阻止军部暴走,给周边国家带来重大损害，出于对此的反省，"二战"后总体全面肯定表达自由、思想自由，因此就出现了上述结果。

况且，审议刑法全面修改的时候，正是以质疑资本主义制度为基础的反体制运动在全世界开展的时候，日本也不例外，学生运动、工会运动、社会运动高涨。说到刑法，那是关于国家权力支柱之一的刑罚的法律，所以，很容易成为反体制运动的对象。

在当时还很年轻的我看来，审议会领导几乎没有考虑那样的背景，而光想着贯彻理念，不求妥协，自然无法达到目的。

不仅如此，日本的刑法条文数量极少，在值得科处刑罚的行为中，只是非常重大的行为才构成犯罪，而且，条文表达简洁从而导致解释余地广泛。因此，对于因社会生活变化所产生的新类型的犯罪，如下所述，只要进行刑法的部分修改或者制定附属法规来处理即可，没有全面修改的必要，这种见解也充分成立。这也是刑法全面修改没有成功的背景之一。

无论如何，就这样，旧刑法存续至今，但随着时代变化价值观也发生变化，新类型犯罪出现时必须加以应对，这是毋庸赘言的。于是，日本就采用下面两种方法修改刑法。

3. 部分修改

第一个方法就是部分修改。"二战"前部分修改过两次,"二战"后至今年夏天,已经进行了二十七次部分修改。

"二战"后进行了三次特别重要的部分修改。第一次是"二战"后不久的 1947 年的修改。这次修改对应了因宪法修改所导致的基本价值观改变的部分。例如,"二战"前,通奸罪的规定只适用于妻子,但根据宪法规定的男女平等原则,通奸罪的规定被废除。

第二次是 1995 年的修改。刑法全部条文的表述是明治时代通用的形式,但现在仅在文学中才使用,鉴于这种状况,所有条文的表述被改为现代文形式。当时,还废止了由最高法院判决为违宪的尊属杀人罪的规定。由于是部分修改,无法变动整体条文,所以留下了关于尊属杀人罪的第 200 条这一表述,其内容记载为"删除",通奸罪也同样。这可以说这是世间比较稀奇的刑法吧。

关于应对最近社会生活的变化的部分修改,在后面会归纳介绍,下面就刑法修改的第二个方法,即附属法规的制定进行解释。

4. 制定附属法规

这与中国的刑法体系存在根本的区别。日本现行刑法施行以前的刑法是1880年制定的旧刑法，除刑法以外，还制定了其他规定刑罚的法律。这些法律被称为刑事特别法，或者刑法的附属法规，在日本作为理所当然的立法政策至今也继续承认。

刑事特别法包括爆炸物管理罚则（1884年）、关于决斗罪事件（1889年）、关于处罚法人董事的法律（1915年）、处罚暴力行为等的法律（1926年）、预防及处分盗窃等的法律（1930年）等，"二战"后从轻犯罪法（1948年）开始，制定了数量众多的附属法规。

其中，因社会生活变化而进行的有名立法，稍后会与刑法部分修改内容联合说明。在那以前，我打算对行政的制度进行解释。该制度跟中国法的立法政策完全不同，是在对违法行为进行行政处分的行政管理法规中设置刑罚，并对重大的违反行政管理法规行为科处刑罚。

5. 大量的行政管理法规罚则

中国也有许多行政管理法规，但对其的违反仅科处行政处分，不会出现科处刑罚的情况。这能够严格区别刑法的作用与行政法的作用，但日本则完全不同。

就以为预防环境污染的《大气污染防止法》（1968年）和《水质污染防止法》（1970年）为例，这些即使在日本也是典型的行政法。因此，从形式上来看，在列举"必须……""不得……"的规定之后，对于违法行为则由监督机关下达改善命令、计划变更命令、作业基准符合命令等。但是，如果从业者不遵从这些命令，日本就在法律的结尾设置"罚则"这一规定："违反……条命令的，处……"以此作为科处刑罚的依据。

像这种"带有罚则的行政管理法规"不计其数。不过，关于刑罚与行政处分之间的关联，也有采用特殊方式的法律，典型的法律是《道路交通法》（1960年）。

《道路交通法》也是行政法，根据刚才提到的行政管理法规的原则，如先规定"车辆……不得超过政令指定的最高速度"，在末尾的罚则中规定"违反最高速度规定的，处……"这是对违反重大行政管理法规的行为科处刑罚这一原则的具体实践。实际上，此处虽然是普通行政管理法规的形式，但仅限于道路交通法，这里还出现了例外的立法政策。

请大家思考一下。科处刑罚，需要经过刑事审判。但是，违反速度限制、违法停车等违反道路交通法的行为的数量，实际上非常庞大。轻微违反的情况，可以在简易法院通过简易程序下达判决，但即使如此，检察院与法院的负担也大得不得了。尤其是1955年开始，汽车增多，违法行为也激增，因此，政府不得不采取对策。

1968年政府部分修正了《道路交通法》，设置《关于违法行为处理程序的特例》，即使实施了应科处刑罚的违反行为，只要支付特定金额的"交通违法金"就可以免除刑罚的制度，即采用所谓"交通违法通告制度"。

若拒绝支付"交通违法金"，原则上就要再经过刑事审判科处刑罚，但一旦科处刑罚就有了"前科"，当事人将被科加各种负担。如果支付"交通违法金"，就没有前科问题，也不需要去法院，所以大部分人都是支付"违法金"了事。

像我这样的专家也会想，在违反《道路交通法》的情况下，停止刑罚，完全实施违法金这一种行政处分，不是更好吗？但由于刑法与行政法分工相关的重要的一般原则在这里发挥着积极作用，所以，政府不会简单地舍弃该原则。

原本应当阐述一下其理由，也就是应当论述一下日本与中国立法政策之所以不同的根据，但因时间的关系今天不得不省略。在后面的提问环节，如果有这个问题，再做解答。

6. 应对社会生活变化的刑法的部分修改及新的附属法规的制定

从这里开始就介绍今天演讲的主题，应对社会生活变化的刑法的部分修改及新的附属法规的制定。因为时间的关系，这里仅就五种类型的犯罪群进行介绍。

第一种关于暴力行为。自"二战"后不久的1958年直到现在也导致了大部分犯罪的"暴力集团"（黑社会）的势力增强，成员参与的犯罪激增，因此在刑法中新设"准备凶器集合罪"。为惩治暴力集团，1999年制定了《有关处罚有组织犯罪和规制犯罪收益的法律》这一系统性对策法律，取得了很好的效果。

1970年左右，反体制学生运动、社会运动高涨，将"火焰瓶"投向警察这样的暴力大肆横行，因此，1972年就制定了《关于处罚使用火焰瓶的法律》。

最近暴力犯罪虽未增多，但尊重生命、身体的舆论增强，对此，就值得关注提高伤害罪、伤害致死罪、逮捕监禁罪的法定刑。

第二种是关于毒品犯罪。由于日本刑法比较旧，其中只规定了有关"鸦片"的行为。"二战"后，管控麻药、兴奋剂等毒品的必要性增强，1948年《大麻取缔法》、1951年《兴奋剂取缔法》、1953年《麻药及精神类药品取缔法》等法律相继制定。这些法律在性质上都是之前说的行政管理法规，都是在末尾设有罚则，违反该规定都做犯罪处理。

第三种是随信息技术的发展而产生的新类型犯罪。在刑法中，最初是1987年与普通诈骗罪并列而新设了"使用电子计算机诈骗罪"。1991年，在伪造文书方面增加了"不正当制作与使用电磁记录罪"；2001年，在伪造有价证券方面"不正当制作支付用磁卡电子记录""持有不正当电磁记录的磁卡""准备不正当制作支付用磁卡电子记录"等行为也开始被处罚。并且在原有的处罚传播淫秽物品的行为中，在文书与图画以外还新加"与电磁记录相关的记录媒介物"。

今后随着IT和AI的开发，也会产生对其管制的必要性，根据情况，这些是否会成为刑事立法的对象，需要进行持续的观察。

第四种是关于风俗的犯罪。1955年左右，日本经历战后的贫困进入经济高速发展期，那时就出现了"日本是饮酒者的天堂"这样的俗语，饮酒的弊端就引起重视了。于是，1961年就制定了《关于预防醉酒骚扰公众行为的法律》。

1964年,刑法部分修改,设置了严厉处罚"以索要赎金为目的的绑架诱拐"的规定,这是为应对当时频发的、导致社会陷入恐慌的绑架案件而采取的措施。

"二战"后日本经济迅猛发展,从狭义上来讲,20世纪70年代经济发展达到顶峰,1990年左右以房地产泡沫开始经济发展停滞,此后日本社会变得内向,出现闭塞感。随之导致人际关系变得紧张,并出现了新的社会现象。其中就包含了性质上必须作为刑罚的对象来处理的内容。若回头看那时制定的新附属法规,就能看到当时的社会生活变化的情况。其代表法律就是,《有关规制及处罚儿童卖春、儿童色情等行为及保护儿童等的法律》(1999年)、《禁止跟踪骚扰行为的法律》,这些是行政管理法规,也包含罚则在内。

2004年与2017年通过刑法的部分修改,对性犯罪的相关规定进行了重要改革。(1)"强奸罪"这一用语,改为"强制性交罪";(2)"强奸罪"的对象从"妇女",改为"人",也就是不问男女性别;(3)性犯罪从自诉案件改为公诉案件;(4)对"监护人"的猥亵行为与性行为进行特别处罚;(5)提高法定刑。

除了国家的刑法,也允许在各都、道、府、县条例中规定刑罚。其中，在相关行政法中，规定处罚"与儿童的淫乱行为或者类似性交行为""痴汉"行为的法规也在增加。这可以说是日本近年来价值观变化的体现。

第五种是有关交通犯罪的新现象。汽车司机引发的死伤事故，以前适用"业务过失致死伤罪"，其刑罚是处"3年以下监禁"，刑罚轻。随着恶性汽车交通事故的增多，1968年改为处"5年以下有期徒刑"。

但是，从20世纪末开始，尤其在因无驾照、醉酒、明显违反速度限制而引发的死亡事故的情形下，遇难者家属掀起明明主观上是故意但刑罚竟如此轻的遗属运动，该运动激起强烈的社会舆论关注，最终，2001年规定除"业务过失致死伤罪"以外，还规定"危险驾驶致死伤罪"，科处"15年以下有期徒刑"。

但是，有人指出这个规定的解释与适用存在各种问题，因此，政府整理这种犯罪类型，将这个规定剥离刑法，于2013年制定新的"处罚因驾驶汽车导致人死伤行为的法律"。刑期为"1年以上有期徒刑"，刑期过轻的批判至此基本上消失。

以上就粗略地介绍了日本为应对社会生活变化而进行的刑事立法现象。

三、日本的刑法学

1. 日本的刑法学说历史

在剩下的时间里,就简单地说下日本刑法学的现状。

日本的刑法最初是受法国、接着又受德国影响而制定的,因为这样的经历,日本长期关注欧洲刑法学的动向,受其影响发展至今。20世纪前半期所说的"学派之争",即关于古典学派与近代学派的论争,在完全理解其主张的基础上,要说支持哪一派呢,在日本一直到今天,也是古典学派的思想占主导地位。

2. 德国刑法学的影响

其中日本刑法学参考最多的是德国刑法学。那是因为日本现行刑法本身是依据德国刑法制定的,而且德国刑法学具有德国人与德语所特有的逻辑体系的思考方法,这具有普遍的影响力。

结果就是,在德国刑法学中形成的概念,如因果关系、违法与责任、间接正犯、原因自由行为、未遂犯与中止犯、不能犯等概念基本上直接在日本适用。"结果无价值和行为无价值"的争论,这是非常德国式的争论,在日本也进行过。

3. 以判例解释形式来深化刑法学

与法院判例对应的方法为日本刑法学的发展提供了独立的基础。从刑法学的立场对应判例,总体上使用三种方法。一是对各个判例加以解释;二是以类似的判例作为一个系列,将其视为"判例"进行客观介绍;三是将"判例"与"学说"视为对立的内容,从刑法学的立场批判判例。

关于第三个方法,最为有名的是有关是否承认"共谋共同正犯"的问题。在日本,共犯分为共同正犯、教唆犯、从犯三种,虽然各个行为并不符合各自的构成要件,但基于共同犯罪的意思与实行犯一起实行犯罪行为时就成立共同正犯,这是判例的立场。对此,学说并不认同,学界采用这样的见解,即如果各自的犯罪行为不符合构成要件,就不能认定为共同正犯。这个对立就表现为争论是要承认共谋共同正犯还是要否定共谋共同正犯。

确实,按照通说,共同正犯是没有限制的,但却出现了共同正犯的范围过宽、过于危险的问题,如主谋是在现场指挥或是在现场望风,因为这样的行为是对夺取被害人的金钱这一行为产生重要作用的行为，如果否定共同正犯反而不合理。

我30岁左右时，写过一篇论文，主张应在一定的条件下承认共谋共同正犯。当时，学说大部分持否定论，持肯定论的学者只有5人。我不能说我的论文发挥了什么作用，但现在肯定论早已成为主流学说。不仅是共谋共同正犯，间接正犯与原因自由行为的实行着手时期也是如此，最终虽然不能说跟我的见解相同的意见成为通说，但却在逐渐成为主流。这是我所自豪的地方。

4. 最近刑法学的动向

要说最近日本刑法学的动向是什么，就如同实际案例是常识性结论推导出来的一样，具备实务感的刑法成为主流。

其背景在于日本将"二战"前国家权力的滥用作为反省的资料，并为抑制判例的失控而死守形式基准，这种趋势随着年代的变更也越来越薄弱。

可以这样说，亲历过"二战"前的时代的法律家是我的上一代，我当时还是少年，属于仅仅知晓战前时代的第二代。我的学生即第三代也马上面临退休。主要承担学会大任的是相当于我的孙子辈弟子的第四代、第五代。

这些年轻人生于信息化社会，对舆论的动向敏感，他们谋求能得出符合一般市民感觉的结论的刑法理论。即使那样，德国刑法学的影响依然强烈，问题式思考还没能凌驾于体系性思考之上，但却可以认为其作用在于防止刑法学理论流于平民运动。

从这些情况来看，重视上述三种形式的判例解释的趋势在近期越来越强，这也是理所当然的结果。如果它不仅对刑法理论还对法院的审判，带来良好的影响的话，那就会得到很好的评价。

刑罚论与行刑学的重要性*

前 言

上个月,我迎来了91岁的生日。以前我曾以为,一旦过了80岁,可能就很难再去国外了,但没想到身体依然健康,在2008年步入80岁之后,这十年间,我来中国的次数竟然达到了34次。这样算来,自1982年第一次来中国,总数已经达到88次。

今年也能以健康的身体访问30余年来一直与我保持良好关系的华东政法大学,能够在同学们面前演讲,对我而言,没有比这更快乐的事情了。这里,我要特别感谢百忙之中特意来主持我的演讲的刘宪权教授,还要

---

* 本文根据西原春夫先生2019年4月9日在华东政法大学法律学院的演讲稿整理而成。翻译:王昭武,云南大学法学院。

衷心感谢筹划我这次整个上海之行的于改之教授。

我今天演讲的题目是《刑罚论与行刑学的重要性》。我猜想，可能大家是第一次听到这种内容的演讲。事实上，我在日本也未曾就此话题做过演讲，在中国当然也是第一次。如果有人认为，这一话题仅仅对中国有必要，对日本则没必要，那就大错特错了。我个人深切地感到，在某种意义上，与中国一样，日本也有必要"将研究重点转向刑罚论与行刑学"。

那么，为什么会在中国做这样的演讲呢？那完全是因为偶然有来自中国的演讲邀请。于我而言，究竟由谁先提出，这并不重要。在此意义上，也许可以说，我已经不仅仅是"日本的一名教师"，而是"亚洲的一名教师"。

一

据我所知，中国刑法学是在1949年新中国成立之后受当时同为社会主义国家的苏联刑法学的影响发展而来。并且，给我们外国人的印象是，由于中国刑法是在1979年制定的，因而在此之前，受到长达10年的"文化大革命"的影响，中国刑法学的研究并没有那么活跃。

正是基于这种理由，在我们看来，社会主义中国的刑法学真正得到发展的时期还是在"文化大革命"结束，制定刑法的 1979 年之后。我开始中日刑事法学术交流是在 10 年之后的 1988 年，即便立法之后已经过去 10 年，但当时并未贯彻改革开放的精神，在学术交流会议上，大家的发言几乎千篇一律。

真正让人感到发生急剧变化的，是在 20 世纪 90 年代中期前后。当时正赶上浦东开发，整个上海开始建造高速公路与高层建筑，学术研究也相应地趋于自由、活跃，我也能从中深切地感受到，中国刑法学研究在深度与广度上的增强。也就是在这个时候，在学术研讨会上，中方学者之间也开始出现观点之间的对立与论争。尤其是在中国刑法学的研究中，此前一直是苏联的刑法理论占据绝对主流地位，此时也开始出现受德国刑法学影响的观点，从而使学术探讨得以更加深入。这一点给我们留下了深刻的影响。在我们看来，至少在犯罪论领域，中国刑法学的研究水平已经能与先进发达国家并驾齐驱。现在回想起开创中日刑事法学术交流的 1988 年当时的情况，毫不夸张地说，中国刑法学的发展令人瞠目结舌！

二

问题是,犯罪论并非刑法学的全部。刑法无疑是规定犯罪与刑罚以及两者之间关系的法律,因此,刑法学当然也必须涉猎整个犯罪与刑罚。由此可见,刑法学还包含与犯罪论相并列的刑罚论。除此之外,尽管行刑学属于有关刑罚执行的学问,在广义上多少属于技术性的东西,但那也应该包括在刑法学之中。

在中国,刑罚论与行刑学发展到何种程度,对此我还没有一个整体印象,因而我的演讲内容可能是一种仅凭表面印象的不负责任的估计。在我的演讲过程中,也请大家考虑到这一前提。例如,有关中国刑法学的发展,我注意到了这样一个问题:与日本刑法学研究的历史长短与犯罪论相比,中国在刑罚论与行刑学的领域较为滞后。我这么说,大家可能不太明白是怎么回事。事情是这样的:

欧洲近代刑法学的精神形成于18世纪至19世纪,其理论基础是,作为历史的发展进程,用于摧毁不合理的身份制度与封建制度的相关原理,因而这种刑法学的精神之中必然包含着某些"普世"原则。例如,刑法学中的罪刑法定原则与责任主义，也得到了社会主义中国的刑法的承认。在欧洲刑法学发展的历史长河中，在19世纪至20世纪的世纪之交盛兴的所谓"学派之争"尤其引人注目。

这种学派之争尤其与刑罚论与行刑学关系密切，但我关注的是，在19世纪末期，日本的刑法学已经得到相当程度的发展，由于在同时代亲身经历了那段历史，因而对其来龙去脉知道得非常清楚。中国刑法学只是对过去的历史性事实存在认识，可能在对这种学派之争的认识的冲击力上存在很大的差异。我的这句话非常失礼，感到非常抱歉。尤其是想到对于中国刑法学发展的滞后，日本也曾是造成这种状况的原因之一，我更是无地自容。

我之所以明知如此仍然提出这一点，如后所述，是因为我认为，那个学派之间激烈论争的时代所提出的问题意识，在历经百年之后的今天，我们仍然有必要重新加以认真地思考，这一点不仅适于中国也适于日本。对于回归学派之争的根源这一工作，要让中国与日本处于相同立场，就有必要消除相互之间针对历史事实的认识上的差异。为此，请允许我在这里指出其中的差异。

三

要正确了解"学派之争"的意义,就必须了解其背后的历史进程。

其一,欧洲的近代刑法学源于18世纪中叶盛行的"启蒙主义思想",并以此为核心得到发展。当时产生启蒙主义思想的理由,是自15、16世纪以来工商业逐渐发达,此前长时期支配整个欧洲的、属于农业中心的经济政治形态的封建制业已成为社会发展的障碍。为此,启蒙主义思想家一致尖锐批判封建制度所潜藏的制度上的缺陷,尤其是批判当时的冷酷残忍的刑事司法制度,并且,由此开展运动,为了明确能够取代封建制度的政治形态及其理论基础而倾注全力。

我们知道,封建制度以世袭制度与身份制度为核心,以差别化作为其不可或缺的前提,要颠覆这种制度,就只能是主张人与人之间生而平等。能够用作武器的就是"理性中心的人性观"("理性人观念"),也就是人自出生即被平等地赋予理性,因而人是能够遵从其理性采取正确行动的独立的存在。并且,基于这一点而被强调的是,以权利、自由、议会制民主主义为支柱的国家制度。

1789年的法国革命彻底摧毁了封建制度,不可否认,启蒙主义这种时代思潮也属于推动法国革命的历史背景之一。因此,法国革命之后在法国形成的国家形态就是以启蒙主义为支柱的议会制民主主义国家。在19世纪前半叶,欧洲国家的市民革命几乎都获得了成功,因而这种趋势也得以确定下来。

启蒙主义思想不仅对国家形态,对刑法的原则与理论也造成了影响。如果人是生而平等的,那么,只要所实施的犯罪行为的质与量是相同的,就应该承担相同的责任,因而也几乎会被自动地科处相同的刑罚。这样,作为近代刑法学之起点的刑法理论,是以客观主义、报应刑理论为支柱的所谓"古典学派(旧派)"。

但是,纯粹的古典学派的刑法理论未能长时间延续。之所以要通过市民革命摧毁封建制度而建立民主主义国家,完全是基于想让经济飞跃发展的人的欲求。因此,欧洲诸国摧毁封建制度建立民主主义国家之后,便马上实现了产业革命,其结果是成功地实现了资本主义的飞跃发展。但是,众所周知,在资本主义飞跃发展的背后,出现了一系列深刻的社会问题,并且,以此为背景,犯罪现象也发生了很大的变化:犯罪激增、犯罪城市化、由贫困人口与失业人口所实施的犯罪增加。

其二，在此基础上，又新增加了用于促进产业革命的科学技术，或者以此为基础的自然科学的发展成果。如前所述，作为摧毁封建制度的武器而使用的是"理性中心的人性观"（"理性人观念"）。但是，根据产业革命之后快速发展的医学、精神医学、心理学、社会学等学科的研究成果，人的素质与环境对人的行动影响巨大，并且这种影响因人而异，各不相同，这一点已经逐渐得以明确。由此可以看出，这些认识均足以从根本上动摇古典学派的刑法理论。

自然科学的发展，源源不断地向人类展现迄今完全陌生的新的知识，不难想象，对此惊愕万分的人们会不自禁地产生自然科学万能的思想，试图对刑法、犯罪及刑罚也彻底贯彻这种自然科学思想的刑法理论正是在这种氛围之下产生的。例如，龙勃罗梭（Lombroso）通过分析犯罪人的头盖骨而倡导与生俱来的犯罪人概念；菲利（Ferri）、加罗法洛（Garofalo）更是将龙勃罗梭的研究方法运用于社会学领域。这样一来，在19世纪末期至20世纪初期，由这些意大利学派的学者率先倡导，由德国学者李斯特（Franz von Liszt）完成体系化建设的所谓近代学派（新派）的刑法理论成为当时非常有力的学说,从而与此前的古典学派及折中主义的刑法理论的主张者之间展开激烈的学术论争。这就是刑法学说史上著名的"学派之争"。

按照属于近代学派的刑法理论之基础的人类观,素质与环境对人的行动影响巨大,尤其是对于犯罪行为会产生决定性影响。因此,刑法上的责任就并非像古典学派所主张的那样,是针对拥有理性的人被欲望所打败而实施了违法行为的道义性责任,而针对的是由其所实施的违法行为所体现出来的犯罪人的人身危险性。因而刑罚也不是与道义性责任相对应而被一律科处的报应,而应该被看作针对的是犯罪人的人身危险性,是用来保护社会的社会防卫手段。

整理近代学派与古典学派之间的差异,我们会发现,古典学派在重视行为人所实施的行为的违法性的程度这一点上属于客观主义;近代学派在着眼于违法行为所体现出来的犯罪人的人身危险性这一点上,采取的是主观主义。古典学派追究的是道义性责任;近代学派是以与人身危险性相对应的社会性责任作为刑罚的基础。进一步而言,古典学派认为,刑罚的本质在于"报应",而近代学派则认为,刑罚是用于实现社会防卫这一"目的"的手段。

总之,古典学派采取的是客观主义、道义性责任、报应刑论,而近代学派采取的则是主观主义、社会性责任论、目的刑论,两种学派之间由此展开了激烈的论争。

四

那么,刑法学此后是如何应对这种学派之争的呢?下面简单地做些回顾。

(1)刑法学原本属于作为规范科学之一的法律学的一个分支,并不能完全接纳精神医学、心理学、社会学等实证科学的知识,但是,既然科学技术的进步对犯罪与刑罚的应然状态能给予决定性影响,就必须参考实证科学的知识,这也是不争的事实。由德国近代学派的统帅李斯特创刊的专业刑法杂志被命名为《整体刑法学杂志》(Zeitschrift für die gesamte Strafrechtswissenschaft),就正体现了这种考虑。

尤其是,在思考作为犯罪成立要件之一的"责任"的本质、内容、形态等问题时,这种考虑就不可或缺。必须承认,在与犯罪论相并列的刑法学支柱之一的"刑罚论"中,我们在思考刑罚的本质、意义、机能等问题之际，就愈发有必要展现实证科学的研究成果。

回顾世界刑法学研究的发展，我们会看到呈现出这样的过程：在近代学派与古典学派之间的学派之争之后，针对犯罪原因分析的实证研究愈发进步，并且，由此还产生了犯罪学、犯罪精神医学、犯罪心理学、犯罪社会学等学科，这些学科也逐渐独立并发展。

并且，如何将这些实证科学的研究成果最大限度地服务于犯罪预防、犯罪人的改良及其回归社会呢？研究这一问题的"行刑学""刑事政策学"等学科也开始被创建。这些学科虽然不属于刑法学本身，但我们至少可以说，对那些思考犯罪与刑罚的应然状态的刑法学研究人员来说，这些学科属于不容忽视的周边科学。

（2）不过，回顾瞄准学派之争而兴盛起来的近代刑法学，即新派刑法学此后的发展轨迹，我们能否说，近代刑法学，即新派刑法学超越了古典学派而一跃成为了世界刑法学的主流呢？我们只能说，绝非如此！但是，在我看来，这里还受到了其他历史进程的影响。

在法国革命之后的19世纪前叶，以摧毁封建制度为目标的近代革命在欧洲国家取得了成功。只有实现下述经济发展的事实，才可能做到这一点：即便没有土地也能生存下去的人的规模与财富，超过了以没有土地就无法生存为前提的、以农业为中心的政治经济机构的人的规模与财富。

他们成功地实施了市民革命,通过摧毁封建制度而铲除了此前一直成为障碍的壁垒,按照自己的愿望发展了属于革命之原动力的资本主义。这一方面给欧洲带来了财富,另一方面也带来了两个问题:一个是出现了以社会主义为必要的"社会问题";另一个是即便动用武力让其他国家成为自己的殖民地也被认为是理所当然的"帝国主义"开始抬头。

由于当时的帝国主义之间是围绕抢占殖民地而展开竞争的,因此,各个国家都存在强化民族主义、国家主义的一面,这一点尤其显著地体现于后来才参与抢占殖民地的日本、德国与意大利,这几个国家最后都诞生了独裁政权。包括德意日三国在内,以德意日三国战败的形式而创建的战后世界体制就开始以排除独裁、重视人权这种思想倾向为基石。实际上,这种思想倾向在抑制近代学派的刑法理论的发展上也发挥了作用。

近代学派的刑法理论采取的态度,是由于犯罪的原因在于犯罪人的素质与环境,通过铲除这种素质与环境以防卫社会就属于刑罚的任务,因此,这种态度就属于刑罚是"善"这种观念。我们知道,古典学派认为,刑罚是"必要的恶",因而宣判刑罚与执行刑罚都必须控制在必要的最低程度内,与此相反,近代学派则更容易走向应该让犯罪人享受"刑罚的恩惠"这种观念。这样的话,如果犯罪原因未能被消除,适当加长刑期也是没有办法的事情,主张这种观点的合理主义也便得以成立。这种观念与作为对法西斯主义的反省而得以加强的人权思想完全是逆向而行的。这也是世界针对学派之争的应对动向。一定要作出选择的话,我们还是可以说,刑法学最终仍然是以古典学派的理论为基础的。

五

这样,通过回顾学派之争之后的历史进程,我们可以看出,学派之争本身的意义并未受到特别重视。正如我开头所谈到的那样,日本同时代地回应了学派之争,在日本国内也曾经历过这种学派之争,因而与具有这种学派之争的经验的日本相比,中国不过是将这种学派之争视为学术史上曾经发生的历史事件而已。但是,对于中日两国之间在这一点上的差异,我们也没有必要看得那么重。的确,直到最近,此前也一直是可以这样乐观考虑的时代。

然而，最近情况突然发生了变化。也就是最近发生的事情要求人类必须重新考虑那个曾经挑战过古典学派的近代学派的观点。那究竟是什么呢？那就是 AI 即人工智能的发展。尤其是所谓"奇点"（singularity）时代已经迫在眉睫：20 年后，也就是在 2040 年左右，人工智能的能力将超越人类的大脑，迄今由人来决定 AI 的使用方法的时代将就此过去，而将迎来如何使用 AI，与人相比最好是由 AI 自身来决定的时代。

奇点时代一旦到来，我们人类社会会变成什么样子，想必谁也无法对此做出正确预测。尽管我们无法做出正确预测，但那个时代必然会到来，因此，事情就很麻烦了。现在的问题在于，我们该如何度过这个时代到来之前的 20 年。在那之后，AI 仍然是人类的工具，这一点不会发生改变，但是，其意义已经与此前完全不同。面对这一点，作为主人公的人类在这 20 年之内就必须做出相应的准备。

进一步而言，奇点时代一旦到来，我们刑法学又会变成什么样呢？不得不说，我们面对的甚至是刑法学是否有必要存在也可能成为问题。极端地说，对于如何处理某个犯罪，仅凭敲击电脑键盘，就可能得出比现在任何一名法官都要正确且公正的判决。而且，与现在的任何一名学者相比，AI也许能够挑选出最适于该犯罪行为与犯罪人的刑罚。

问题还是在于我们如何度过奇点时代来临之前的准备期。至少有一点是毋庸置疑的：在AI高度发展之时，既往的近代学派的学者所强调的对犯罪原因的科学分析也会突飞猛进，那么，在犯罪原因完全清晰地呈现在我们面前之际，这是否会影响对犯罪成立的判断呢，这就是刑法学中的犯罪论的作用。我们必须看到，在学派之争的时代反复展开的有关责任本质论即究竟是道义性责任还是社会性责任的论争，以及有关自由意思即人的意思究竟是被决定的还是自由的论争必然会重燃战火。

与犯罪论相比，更加受到重视的是刑罚论。随着实证科学的高度发展，人们就会开始从根本上追问，刑罚究竟因何而存在，想必也必须重新探讨刑罚的种类、内容、刑期等问题。同时，量刑论想必在受到AI的指导的同时，也必须进行相应的改革，以适应实证科学的发展。

作为刑法学之周边科学的行刑学，是另一个重要性得到进一步提升的学科。我们根本无法预测，什么样的刑罚会继续存续下去，但如果现在的自由刑会继续存续，就愈发有必要反映实证科学的先进成果。

关于这一点，日本曾经有过非常有意思的体验。在21世纪初，在欧洲精神医学与心理学高度发达之际，日本也曾积极地引入其研究成果。很早以前就已经明确了"精神病"的存在，"人格的变异"这一事实在21世纪初也得以明确。并且，在谈论变异之前，早已对通常人（正常人）的人格特殊性进行了分类。

我不清楚当下中国是如何认识这一问题的，但在20世纪初期，德国的心理学家恩斯特·克雷奇默（Ernst Kretschmer）就已经明确，人存在与生俱来的先天性"气质"，究竟属于"精神分裂气质""躁狂抑郁气质"还是属于"癫痫气质"，一生都不会改变。并且，如果实施犯罪，实施的也是性质与其气质相适应的犯罪。此后，德国心理学家埃米尔·克雷佩林（Emil Kraepelin）还发现了能够证明这一点的心理测试方法。

我年轻的时候曾经接受过这种测试，被明确诊断为癫痫气质。这里说的当然不是作为精神病的癫痫症状，而是说拥有这种气质的人通常性格温和很好相处，也招人喜欢。但这种人一旦因日常生活中某种难以想象的事情而情绪失控突然发作的话，结果往往难以收拾。这样说起来的话，我过去确实有过这样的经历，曾经与非常重要的朋友感情破裂。请留意这种气质的人。因此，如果我实施了犯罪,那肯定不是"精神分裂气质"的人所实施的那种冷酷无情的有计划的犯罪,而只可能是那种突然发作的激情犯罪。

当时的精神医学、心理学对于分析这种人格特色发挥了极大的作用,也明确了在气质与精神病之间还存在"异常性格"这种类型,也就是存在所谓的"精神病气质"。德国的精神医学家库尔特·施耐德(Kurt Schneider)明确了10种类型的精神病气质的存在。例如,容易实施冷酷的、有计划的犯罪的"情义阙如型",在诈骗的常习犯中经常看到的"自我显示型"等精神病气质。

这些知识在日本直至20世纪60年代左右仍然还记载在教科书上,而且,就是在行刑的现场也得到了珍视(重视)。不过,自20世纪60年代末期至20世纪70年代初期,在欧洲与日本都曾发生过过激的学生运动、社会运动,在此过程中,"对差别化的弹劾(谴责)"成为一种流行,其结果就是,这种气质与精神病气质的研究人员遭受批判与责难,这些概念也随之从世间消失。最近,我在日本参观医疗监狱时,向相关人员问起,监狱是否会根据人的气质对服刑人员进行分类、是否会对不同气质的人相应地进行犯罪预防教育,遗憾的是,答案是否定的。

但是，请大家思考一下。这些研究成果的问题仅仅在于"将人差别化"，但是其成果本身是没有错的。无视气质的存在，以所有的犯罪人均属于激情犯罪为前提来研究如何让犯罪人回归社会，我们可以明白，这种做法是多么愚蠢！对于那些基于"癫痫气质"而实施了激情犯罪的犯罪人而言，让犯罪人回忆，在日常生活中一旦出现何种条件，他就会情绪失控突然发作，那么，我们教给他们，在出现这种条件时，如何逃离现场，就属于预防犯罪的有力手段。但这种方法对"精神分裂气质"的犯罪人而言，就毫无意义。

随着 AI 的发展，人类的精神构造会被完全弄清楚，这已经不能被称为差别化。如果我们这样看待 AI 带来的社会变化，那么，在座各位作为法律的学习者，尤其是那些对刑法学感兴趣的法科学生，想必已经明白，此后的 20 年自己该做些什么。想必我也已经清晰地告诉大家：犯罪论自不用说，刑罚论与行刑学此后会变得无比重要。如果我今天的演讲能对大家今后的研究有所参考，我将非常荣幸。

感谢大家的倾听！

奇点临近：迎面而来的技术变革与法学家的课题[*]

一、前言

我在今年3月迎来了90岁的生日。令我惊喜的是，竟然有25名中国刑法学者特此为我庆祝，并赠给我一本长达661页的《刑法知识的更新与增长——西原春夫先生90华诞祝贺文集》。虽不知道是否有先例，曾有外国人被赠予这样的祝贺论文集，但毫无疑问，这是极为罕见的，于我而言，更加是感到无比荣幸。

由于有幸由北京大学出版社负责出版事宜，刚刚在北京大学校内的其他场所举办了献书仪式，恍如梦境，

---

[*] 本文根据西原春夫先生2018年6月13日在北京大学法学院的演讲稿整理而成。翻译：孙文，立命馆大学。

令我终生难忘。再次由衷感谢提议并主导论文集制作的北京大学陈兴良教授、担任编集负责人的华东政法大学的于改之教授、为出版而不辞辛劳的北京大学出版社的蒋浩副总编等各位相关人员。

图 演讲会与献书仪式同时举行的情形

我想起1982年6月25日第一次访问北京大学的事情，那竟然已经是36年前了。那年年初，北京大学通过中国驻日大使馆向早稻田大学提出了希望签订学术协议的建议。据说，那时好像还没有中国大学与日本大学合作的先例。

早稻田大学在历史上就是与中国关系深厚的大学，对此我感到无比荣幸，处理完学校内部手续后，为了签订协议，时任副校长的我作为团长，率领早稻田大学代表团访问了北京大学。

我当时的致辞被称作将北京大学与早稻田大学的"心"连结在了一起，可惜的是今天没有充裕的时间来跟大家介绍这些。关于这部分内容，由北京大学出版社出版的中文版《我的刑法研究》中有详细介绍，如果有幸能被各位翻阅，实属荣幸。事实上，我在那之后30年间进行的中日交流的初衷，正是当时的我的一个愿景。

由此，我的中日交流始于与北京大学的学术交流之开创，由于我的专业是刑法，因此，也逐渐倾向于中日之间的刑事法学术交流。1988年由我提议开展的2年一度的中日刑事法学术研讨会至今已经持续30年。关于此事的经过，也在上述的《我的刑法研究》中有详细的说明。这次能有幸获赠祝贺论文集，也说明我为中国所作出的微薄贡献获得了大家的认可吧。

二、最近我担忧的重大问题

（1）实际上大约在5年前我就已经在中日两国之间开始了刑事法学术交流领域以外的活动。具体而言，为了"坚决不让东亚发生战争"就"需要让国际法秩序在东亚能实际发挥功效"，因此，"需要将东亚国际法学者组织化","其中,更加需要中国国际法学者的积极参与"。我考虑的大体就是这样一个事业。

众所周知,关于东亚的安全保障,最大的问题应是朝鲜的核武器与导弹的开发。但这个问题过大,没有国际社会全体的应对是无法解决的,我个人更是无能为力。

但是,像刚才所说的课题,我想作为法学家的我是不是也有能略尽绵力之处呢,于是,便开始了上述事业。

但事实上我却取得了一些成果。去年6月第一届中日国际法学者研讨会在上海成功举办,第二届也于11月在东京成功召开。第三届也计划于今年10月在上海举办。第四届已经决定明年在东京召开,至少在中日之间,可以说已经完全步入了正轨。

为什么能成功呢?这与我30年的中日学术交流经验有关。由于这些交流难免会牵涉棘手的问题及立场,为了让中国学者参加必须创造一些便于参加的条件。我认为,正是满足了这些条件,该事业才得以顺利起航,作为举办者的我一直深得中国各方的信任或许也是原因之一。

这个问题不是今天演讲的主题,在此就不再深入探讨了。但是，为什么会提到这个问题，是因为东亚的安全保障是最近令人担忧的问题，并且我个人也参与进去做出了相关努力。接下来谈到的这个重大问题，如果我还年轻的话，也会和对待国际法的问题一样，在力所能及的范围内去努力，但对于90岁的我来说，已经无力去参与解决，只能抱着一种全部托付给你们这些青年人的心情去期待。这是一种虽然很抱歉但仍然拜托各位了的心情。

（2）是 Technological Singularity，即技术奇点。据说人工智能高速发展超过人类智能的时代会在二三十年后到来，其中包括了很多应该担忧的问题。虽然解决这个应该担忧的问题原本是开发人工智能的技术人员的职责，但我觉得如果不从外部研究、指出这些问题，并且在必要时采取限制该产业本身的发展或限制人工智能应用的措施的话，将会变得很棘手。

关于这方面的理由稍后会详细说明，但我最近经常在想，如果那时需要"限制"或"管制"的话，那么，是不是就会存在原本就以"限制""管制"为己任的法律学者的课题与使命呢？我接下来想详细说明这方面的理由，以及为什么要在中国强调这个的理由。请大家带着这样的问题意识来听以下的内容。

三、技术奇点是什么

（1）经济的发展，特别是马克思所说的生产力的变化原因，最重要的是新工具的发现。大家想一下，在古代，铁、纺织机械和指南针，进入近代后，工业革命时期的蒸汽机及电能，进入20世纪后的汽车、飞机，以及最近的电脑等，就会立马明白吧。在这个意义上，人工智能的发现也是在这个延长线上。

但是，至今为止的这些事物与人工智能截然不同，就是说至今为止的工具均未超出由人类控制并使用的事物的领域，与此相对，人工智能却具有控制人类的能力。

如果人工智能原本也是仅在特定领域内发挥作用的阶段性产物的话，就和电脑一样止于受人类控制的工具的程度。专家称这个阶段的人工智能为"特化型"。

可是，由于人工智能拥有自行开发自我能力的能力，其发展被称为加速度式前进。其结果据说是基本上已经确定人工智能不仅在个别特殊领域，且在所有领域拥有可以进行随机应变的能力。也就是说，到达这个阶段后，人工智能就会超过人类的智能。现在，在象棋和围棋中人类已经逐渐变得不能战胜人工智能，并且貌似再过几年就绝对不可能战胜了。到达这个阶段的人工智能被称为"泛用型"。人工智能到达这个阶段的时期被称为"技术奇点"。

如果说人工智能的判断力胜过人类的话，那么，到那时一直由人类担任的工作职位的绝大部分将会变得不再必要。据说最先将会是税务师、注册会计师、企业顾问被淘汰出局。想一下，或许连法官也不需要了。医生也是这样。可能官员或者政治家也是如此。根据某学说，现在的在职人员的49%将会失去工作，因此，这将会是一个重大变化。

不过，虽说人工智能优秀，但由于不能像人类情感那样在细腻微妙的领域中进行数据化操作，人工智能并非在所有的领域中都会超过人类。到目前为止，认为人工智能依旧不过是人类工具的观点仍然占多数。

但是，关于这一点，也有学者认为，由于人工智能也能写出令人动容流泪的诗篇或者小说，不久之后就能进行包含人类感情在内的判断。这些观点到底哪一个是对的，我也无法判断。

但可以说的是，人工智能朝着超越人类智能的方向无限继续发展的趋势已经是无法阻挡的事实。另外，人类是将人工智能作为工具来发展，人工智能是人类的工具这一点尚未发生改变也是事实。这两者之间的矛盾始终无法克服，就好像由于人类是有限的存在，怎么也无法认可"宇宙是无限的"，人工智能与这个谜团一样难解。

奇点的到来虽然是肯定的，但此后的社会将会怎样改变，谁也无法正确预测。这真的是一个棘手的东西。

但是，即使奇点的到来是肯定的，如果其中可能含有对人类来说不幸的部分，那么，无论如何也要予以预防。因此，即使困难，也有必要进行相关预测。

（2）奇点来临时或者在它来临的过程中，人类社会将会怎样变化，存在两种极端的预测，对这两种预测也被分析出各种可能性。

一方面，最悲观的预测是如果放置不管的话，人类会灭绝。如上文所述，在职人口的49%失业的话，确实有可能会引起大混乱，甚至引发全面战争。拯救它的途径只能是通过人工智能的开发来产生新的雇佣方法。因此，问题归结为，奇点是否能够建立一种能够产生那种雇佣方法的新经济体制呢。那样的努力，除了靠人类自己别无他法。

另一方面，最乐观的预测是若人工智能成功构筑新经济体制的话，以前认为只有通过全世界劳动人民的团结进行革命才能实现的共产主义社会，通过奇点就能得以实现。这样一来，以自由市场经济为前提的现代型资本主义和通过选举在政治上反映国民呼声的现代型民主主义确实有可能会消失。或许也有可能在形式上实现马克思主义先驱者曾经构想过的"各尽所能，按需分配"的理想计划。

但是，现实世界是物欲横流的人类社会，是否能够按照计划运行也尚存疑问。不仅如此，还有人提出以下这种根源性问题，即如果实现了那样的理想社会，人类会对什么感受到生存的意义而去生活。可是，如果说要在两个极端之间选择其一的话，那无疑是后者吧。既然这样，人类就应该为了回避前者实现后者而竭尽全力。

这是一个全人类的课题，不是一个能够被具体化到成为今天演讲题目的法学家的课题。为了消除奇点的弊端，我认为存在只能靠法律学者来一展所长的领域。下面我们来聊一下这个问题。

四、潜伏在奇点中的危险问题

（1）大约到第一次世界大战爆发前为止，无论人类发起什么样的大战争，都不存在让人类灭亡的可能性。可是，在第二次世界大战结束前夕，两枚原子弹在广岛、长崎爆炸后，事情发生了决定性的改变。科学技术的发展使人类可以通过使用不同的方法掌握足以使人类灭亡的技术，那就是核裂变和核聚变及DNA重组技术。

核裂变和核聚变的危险性已经广为人知，但DNA重组技术的恐怖之处还尚未被全部察觉。但是，会不会现在有一名患有精神缺陷的科学家正在阴暗的实验室中秘密制作足以让人类灭绝的新生物呢？其实现有技术已经朝着将其变为可能的方向在发展。

现在就已经如此，可以预想如果人工智能飞跃发展，这样的严重问题将会进一步扩大。举一个例子。人类当中有易得癌症的遗传的人和不易得癌症的遗传的人。对于十分明显属于容易得癌症的遗传的人来说，如果通过DNA重组技术的发展可以嵌入不易得癌症的遗传的人的DNA，那么，他一定会希望能够那样做。当然，这不仅仅限于癌症。

至今为止，人类在衡量便利性和危险性的基础上，对于便利性远远凌驾于危险性的事物，虽然认识到其也存在危险性但却一直容忍。这就是德国的"被允许的危险"的法理。这种想法在今后大概也会存在下去，因此在像刚才所例举的情形下，说不定会允许导入他人的 DNA。

归根结底，导入他人 DNA 的技术，会朝着可以制造所谓克隆人的方向发展。这个可以被认可吗？大概大家也认为这个不应该被认可吧。可是，在癌症的情形下允许，在克隆人的情形下却不允许，规定此界限的原理究竟在哪里呢？

（2）再举一个例子。由于人工智能与机器人相结合发展，由此有可能产生飞跃，变成开发新的"武器"。令人恐怖的反而是奇点来临前的特化型人工智能阶段。一旦到达奇点，国家这个框架就会逐渐后退，这可能还好。但是，在那之前的阶段，人类在国家这个框架中的生存的状态将依旧延续。国家这个组织具有为了增进国家利益而需要明确其自身较其他国家更为强大的倾向。这或许就是自然的发展规律。

毫无疑问，这会导致国家之间展开研发新武器的竞争这一结果。若以人工智能的高度化为前提，这将会多么可怕，我无法想象。不必说实际使用，哪怕是不禁止开发的话，都有可能变得失去控制。但是，却根本不存在该禁止什么、该允许什么的标准。

（3）关于这些应担忧问题的解决，我之所以强调法律学者的作用，是因为法律学者是在衡量利益的基础上得出果断结论这一领域里最熟练的人的集合。这里所说的法律学者并不限于狭义的法律界人士，即不限于法官、检察官、律师，也指学习法律及法律思维熟练的人。这里在座的学生及研究生各位都是法律学者。

我想说的是，我刚刚指出的两个例子仅仅作为众多问题的缩影，非常多的、应该担忧的问题隐藏在奇点中，请各位一定多加留意并进行梳理。如果集中众人分别注意到的问题点，这将成为不仅是中国的还将是全世界的人们进行思考、研究的材料。在此之上如果可以提出解决方案的话，则再好不过了。

我为什么在中国而且是在最有实力的大学——北京大学——强调这个问题，是因为中国不但是对世界影响力很大的大国，也是开展人工智能研究和开发的先进国家之一。因为国家的研究通常会倾向注重国家利益，但面对这些问题，需要的是与人类存续相关的普遍问题的观点，我希望法律学者一定要坚持这样的观点。即使一时不利于国家利益，但从长期来看，对包括中国人民在内的人类整体来说有必要的话，就需要富有说服力地提出主张，我认为这是法律学者的课题。

五、亚洲的使命

最后，关于奇点的来临，虽然还完全没有自信，但有想和大家一起思考的问题，所以容我稍加探讨。

（1）稍微图式化地来讲，或许不容否认的是，晚近数百年间对世界影响较大的是欧洲文明，带来直接、间接、较强影响的是始于十五六世纪的"西洋近代"。

由"通过控制土地来维持控制人类的封建制度"和"以罗马天主教的教会控制为根基的基督教"这两大支柱构成的欧洲中世纪在十五六世纪崩塌。其背景是，在国内以纺织业、在海外以海洋贸易为主要力量的工商业的发展，但在表面上展现出来的却是文艺复兴和宗教改革中出现的强调"个人为本"的思想。该思想已经在近代初期的哲学，笛卡尔、斯宾诺莎、洛克、休谟等人的哲学中以强调"人类的知性和理性"的方式予以呈现。此后，经历了长达200年的"绝对主义时期"后，通过18世纪中期的"启蒙思想"再次被强调，形成理论并体系化，在康德的理性哲学中集大成。如各位所知的那样，在经过以法国革命为首的欧洲各国市民革命后，形成了各国的国家制度的根基。

大家是否知道我为何在这里要对这个问题进行这么长的说明？是因为，如果认为数百年给世界带来影响的"西洋近代"思想的根基是"对人类的知性和理性的信仰"的话，该信仰会不会被凌驾于人类的知性和理性之上的人工智能打破呢？

西洋近代，正是以对人类的知性和理性的信仰为基础，才使以权利、自由、民主主义为支柱的政治制度，以及以自由市场经济为前提的资本主义得到发展，虽然也确实存在问题，但也增进了人类的幸福。如果人工智能的判断变得比基于人类的知性和理性的判断更加正确的话，那么，"西洋近代"的制度，包括位于其根基的思想在内也会全部崩塌，至少可以说在形式上会变成那样吧。

我在这个问题上还不能完全自信，是因为存在，例如之前稍有涉及的、人工智能无论怎样发展都仅仅是人类工具的这样的观点。这个观点是以如果让人工智能擅自发展人类不将其作为工具进行控制的话就会发生危险的假设为基础，这的确可以理解。如此一来，人类的知性和理性仍是必要的，西洋近代的思想仍可以维持。

可是，关于这一点，我也介绍一下"若不把人工智能视为神来对待反而危险"的观点吧。也就是说，如果存在完全可以把人工智能作为工具使用的人的话，那么，这些人就有倾向将人工智能的能力排他地予以运用、垄断利益。因此，此时必然会产生对立，并与新"武器"的研发一体化地增加战争的风险。特别是在奇点来临前的特化型时代，这些人一旦与拥有军事力量的国家结合起来将会非常危险。为了防止这样的对立，只能把人工智能视为神来对待，谁都只能听从其判断。这个观点听上去也有些道理吧，至少这样的观点也值得保留。

哪种观点是正确的及人工智能到底是怎样的事物，很遗憾，我无法做出判断。我想很多人也会和我一样吧。那么，或许应该将西洋近代思想崩塌的观点作为一个看法、作为一个假设保留在脑海的一角。

（2）但即便如此，还有另外一个在意的事情，就是技术变革成功的话，与预想的政治经济制度最接近的就是现在的中国。自2017年10月中国共产党十九大以来，从习近平总书记的讲话可以看出，中国的现状还是社会主义初级阶段，在此基础上指出到2050年左右全面实现社会主义现代化国家，值得注意的是从结果上来说，那个时期与预测的奇点来临的时期是一致的。

由于Singularity中包含着导致原本理想化的共产主

义国家政治制度的因素，与日本相比，中国拥有仅用相对较小的努力就将其实现的可能性。我觉得如果将无意识与有意识到Singularity的趋势相结合，是不是会产生很有趣的结果？

在上述的趋势中，刚才所说的"或许'西洋近代'会崩塌"这个假设也许会起作用，这是我的个人看法。无论现实中会不会崩塌，这都无关紧要，毫无疑问的是，人类的知性和理性将不再像过去那样持有浓墨重彩的一面。因此，现在"需要取代'西洋近代'的世界观。而据说担任该职责的是'21世纪的亚洲时代'，这不正是那个亚洲吗"，我认为这个作为假设也是能够成立的。

此处所说的"亚洲"仅是象征意义上的，与"欧洲"相对的不应该仅仅是中国这一个国家，应该是一定范围的领域。但无论是说亚洲，还是说东亚，成为中心的无疑是作为大国的中国。

我所希望的是，取代"西洋近代"的价值观提出新世界观的是由对等平等的各国所组成的"亚洲"组织。

关于Singularity成功时应形成的新政治经济体制，现在最接近的的确是中国的制度，但即使在中国也不能仅通过笔直的大道来实现理想社会，也需要经历苦心经营吧。在这一点上其他国家也一样。将来应该构筑的政治经济社会体制是这些国家克服困难而不断汇集的目标。从这个意义上来说，我个人热切盼望新的价值观的形成是以中国思想为中心、同时具有亚洲或者东亚各国共同的属性。那时，我已经不在人世了，但届时展现出的中国之大国风采令人期待。

以上就是作为外国人的我所谈的些许直言不讳的内容，请看在多年友情的份上，多多包涵。感谢各位长时间的聆听。谢谢！

注：Singularity（Technological Singularity）＝"技术奇异点""技术奇点"＝实质上"人工智能进化，变成拥有超越人类智能的能力的转换点"［雷·库兹韦尔（Ray Kurzweil）］。

从仅在特定领域发挥作用的"特化型 AI"到达在所有领域都可以进行随机应变的"泛用型 AI"，也有人预测大概在 2045 年来临。

人工智能（Artificial Intelligence，AI），在 1956 年的会议上由约翰·麦卡锡（John McCarthy）命名。

国际法的存在与遵守义务的根据

——作为探究刑法制定根据的一点成果*

一、前言

尊敬的各位来宾，我是刚才承蒙主持人热忱介绍的西原春夫。三十年来，我与华东政法大学一直保持着亲密的关系，今天能够受邀再次在华东政法大学演讲，感到非常高兴，也深感荣幸！尤其想借此机会，对邀请我访问华东政法大学的于改之教授表示由衷的感谢！

我第一次来上海，是在三十二年前的 1986 年，当时受上海市人民对外友好协会的邀请来上海演讲。演讲

---

* 本文根据西原春夫先生 2018 年 3 月 8 日在华东政法大学法律学院的演讲稿整理而成。原载于《法学》2018 年第 4 期。翻译：王昭武，云南大学法学院。

之后，上海市人民对外友好协会的李寿葆会长带我去杭州、绍兴观光，旅行途中，我向李寿葆会长提议开展中日刑事法学术交流，当即得到了李会长的积极回应。当时也未曾想到，这竟然成为其后长达三十年持续进行的"中日刑事法学术研讨会"的契机。1988年在上海召开了第一次"中日刑事法学术研讨会"。当时，李寿葆会长委托华东政法学院（亦即现在的华东政法大学）的苏惠渔教授负责牵头并选定中方的会议报告人。

"中日刑事法学术研讨会"这种中日之间的刑事法学术交流，在我看来，可能为中国刑事法治思想的确立及刑法学的发展做出了些许贡献。我现在已将刑事法领域的对外交流工作全部交给年轻人负责，转而以近三十年来累积起来的经验、知识、信誉为基础，致力于解决国际法秩序的问题，因为既有的国际法秩序已经多少使我们东亚地区的局势趋于不稳定。

具体而言，为了让国际法秩序在东亚实际发挥作用，我计划创建一个由包括中国在内的东亚主要国家的国际法学者组成的组织，搭建一个大家可以充分发挥聪明才智的平台。承蒙中国的国际法学者的积极参与，可以说，现在已经进入这样一个阶段：中日两国学者保持良好关系，正共同作为召集人，引领着这个计划向前推进。

正如后面还要详细介绍的那样,我注意到,国际法也存在与刑法类似的问题:对于为什么需要国际法这一问题,我们的研究还远未达到"已经几乎不再有质疑的余地"的深度。

我本身是一名刑法学者,本不应该由我来对国际法的问题发表意见。但是,在刑法领域,有关我们为什么需要刑法,也就是刑法的制定根据的问题,可以说,我是唯一探究到理论最深处的刑法学者。1979年,我在日本出版了「刑法の根底にあるもの」一书,该书已由上海社会科学院的顾肖荣教授翻译成中文,并于1991年以《刑法的根基与哲学》作为书名在中国出版。没想到这本书在中国长期受到广大读者的喜爱,居然在几年之前就已经成了绝版,终于在2017年又出版了增补版。

我最近开始对国际法的问题感兴趣,也深切地意识到,对于"国际法的存在根据是什么"这一问题,我们也许可以原封不动地适用已经在刑法领域确定的理论。亦即,我们为什么需要国际法呢?在此,我想在中国,尤其是通过于我而言有深厚情感的华东政法大学的这次演讲,首次披露我个人创建的有关此问题的最新理论体系。

二、中国的法治与国际法的定位

中华人民共和国成立于1949年。原本来说，一个新的国家建立之时，为了明确自己的治国方略，通常会制定以宪法为首的包括刑法、刑事诉讼法在内的基本法律。但是，在新中国成立之初，由于中国主要依靠社会主义政策与道德的力量来形成并维持国家秩序，因此，当时并未急于制定属于基本法律的刑法、刑事诉讼法。

这种治国理想在中途被"文化大革命"所中断。由此，中国人民也深切地感受到，如果一个国家没有法律，人民的利益将会遭受何等严重的侵害。正是基于此种反思，"文化大革命"一结束，中国就着手制定基本法律，终于在1979年完成了刑事立法，通过了属于国家基本法律的刑法、刑事诉讼法。

不过，对于法治概念的理解，中国相当谨慎，态度也很明确：中国决不会照搬西方，而应该建设中国特色社会主义法治体系。具体而言，西方是在"法的支配"这一意义上来理解法治，即主张应由国民代表制定的法律来控制所有国家权力；与之相对，中国主张，对国家进行治理之时，应该以基于法律为必要，因而是在"依法治国"这一意义上来理解法治的。

在我看来，这样理解法治也是理所当然或者说是迫不得已。我完全没有就此展开论争的打算，但与此相关，我们就会产生这样一个疑问：如果在"依法治国"这一意义上来理解法治，那么，我们又应该如何理解国际法上的法治，亦即存在于国际社会的国际法呢？这是因为，"依法治国"这一概念，理所当然地是以"治理主体"的存在为前提。也就是说，如果我们在"依法治国"这一意义上理解法治，由于国际社会中并不存在所谓治理主体，那么，自然就会产生这样的疑问：如何才能为这种没有治理主体的法治提供理论支撑？进一步说，国际法的存在根据究竟是什么？

强大之后的中国需要在国际社会中与他国和平交往，为此，就必须采取重视国际法的态度。现在，习近平总书记在各种场合的讲话中，都非常鲜明地表明中国重视国际法的态度。

概言之，中国当下必须提出一种理论体系，在维持"法治就是依法治国"这种理解的同时，足以论证"即便是在没有治理主体的国际社会之中，法治也是必要的"。在我看来,说不定只有我在刑法领域构建的理论才是解决这一难题的唯一方法。请大家从这一角度再来听听我个人的一些观点。

三、刑法制定根据的最深层次是"人的欲求"

我开始试图从最深处来探究刑法或者国家刑罚权存在的根据,那是20世纪60年代后期的事情。为什么是在那个时期开始这种尝试呢?这与当时的社会背景密不可分。

大家知道,日本在20世纪60年代后期开始的大约十年间,被称为"大学纷争"的时代,所谓无政府主义的反政府运动风起云涌,同时期的法国、德国也出现了类似运动,因而也许可谓针对第二次世界大战后快速发展的资本主义的抵抗运动这种世界性动向的一环。

我就职的早稻田大学学生运动历来盛行,当时的学生运动也的确非常激烈。学运积极分子叫嚣的是在"打破体制"的同时"解散学校",因此,学校方面也极难应对此种局面。当时,作为法学家的我关注的是,他们所谓"打破体制"中,还包含"破坏法秩序"的意思。面对这种局面,我最苦恼的是,我自己有没有充分的自信来说服他们：你们所深恶痛绝的刑罚、警察，还有所谓的"法秩序"，对整个社会而言，都是必不可少、绝对需要的。

从这一视角再回过头来看，作为国家刑罚权的根据，我们往往想到的是为了维持秩序、实现正义，或者是为了维护国民的利益等理由。此前，我自己也基本上被这种理由说服了。然而，一旦想到该如何回答学运积极分子所提出的问题，我就不得不进一步地思考，进而寻找更有说服力的根据。因为，基于下述两点理由，在我看来，这些传统的根据尽管可以说服我，但未必能够完全说服他们。

第一，虽说是为了维持秩序、实现正义，或者是为了维护国民的利益，但是，如果他们进一步追问，为什么要维持这种秩序呢？为什么必须实现所谓的正义呢？又为什么必须维护那些所谓的利益呢？对此，我们似乎很难再做出进一步的回答。如此，传统的观点是不会彻底说服他们的。

第二，迄今为止的理论都是立足于能够科处刑罚的国家的立场，而学运积极分子标榜的正是要打破这种体制，因而这一点显然也难以说服那些人。为此，要说服他们，就必须提供这样一种根据：法律也好刑罚也好，事实上对他们而言，都是必不可少的。但迄今为止还没有谁的研究进行到了这一深度。既然如此，我就决心由我自己来进行这一研究工作。详细的内容请参见前述《刑法的根基与哲学》。

就这样，针对理论界迄今提出的那些刑罚权的存在根据，我又进一步提出了"为什么需要这些根据"这样一个疑问，并决心着手进行更深层次的研究，一直追溯到理论最深处，力争达到已经完全不可能再出现这种疑问的程度。

我的研究线索，是基于这样一种认识：大家设想一下，世界上为什么会有盗窃，这种犯罪的根源究竟是什么呢？想必应该是因为"想得到"自己所没有的他人的财物吧？亦即，盗窃的根据无疑是一种"所有欲"，即"对所有的欲求"。

不知大家是否意识到一个有趣的现象，处罚盗窃这种犯罪的刑法规定，也同样是源于"对所有的欲求"。刑法之所以要做出处罚盗窃的规定，一言以蔽之，就是大家都不想让自己的财物遭受盗窃，于是通过制定刑法的相关规定，以保证自己的财物不被他人盗走。这难道不正体现了我们"对所有的欲求"吗？如果这样考虑的话，我们就能明白，刑法与刑罚的存在根据就是人

"对所有的欲求"。欲求的背后又是什么呢？那无外乎是作为生物的人的生存本能、种族维持的本能。一旦追溯到这一步，想必就无法再往前追溯了。

不过，作为盗窃之根据的欲求，与作为刑法处罚盗窃之根据的欲求，虽然同样是"对所有的欲求"的产物，但这两种欲求的性质并不相同。对这一点予以整理，就可以从体系上明确我的观点。

作为盗窃之根据的"对所有的欲求"，是由种族维持的本能直接产生的，是所谓个人性质的欲求，我将其命名为单纯的"欲望"。亦即，是那种完全不考虑与他人的欲求之间关系的、自然的莽荒的欲求。

然而，作为刑法处罚盗窃之根据的"对所有的欲求"，如果也是那种莽荒的个人性质的欲求，就难免会出现自己的财物也被他人自由夺走这种现象。因此，我们希望看到的刑法规定是，正因为我牺牲了自己想盗取他人财物这种莽荒的欲求，所以，我才得以强制他人不得盗取我的财物，而这一点正是通过采取所谓"处罚的欲求"的形式来体现的。

在此，谨将我的结论做些归纳：人的生存本能会产生各种各样相互冲突的欲望，对于这些欲望，如果不在一定程度上加以抑制，我们自己的欲求也会被剥夺，正是因为要防止这种情况的出现，就必须有刑罚的存在。当有不少人同样感受到这一点之时，就产生了一种"处罚的欲求"，此即我所理解的刑法与刑罚的根据。在世界上首次倡导这种观念的，正是上述提到的《刑法的根基与哲学》一书。

四、国际法的存在根据也在于国家主权的"遵守规则欲求"

对于我的上述理论，大家是否会产生下述认识呢？第一，对于刑法与刑罚存在根据的探究，确确实实已经追溯到了理论的最深处，达到了不再有产生"为什么需要维持秩序"这一疑问的余地的程度。第二，在不是从"国家"的立场而是立足于包括学运积极分子在内的"国民"的立场这一意义上，已经形成了即便对于那些学运积极分子来说也很有说服力的理论体系。

中国是以人民的立场作为自己的政策基础的社会主义国家，在此意义上，中国也完全有可能采取我的这种理论。即便是立足于认为"法治就是依法治国"的立场，由于中国共产党由来自社会各阶层的先进分子组成，总是立足于人民的立场，因此，只要很多睿智的人

(也可以认为是中国共产党中央委员会，或者全国人民代表大会法律委员会的成员等精英集团）在事先设想出所有可能出现的事态的基础上，最终得出"直接或者间接地为了人民，刑罚也是必要的"这一结论，就可以认为，据此制定的刑事法律，作为根植于人民的"处罚的欲求"的东西，足以成为治国理政的手段。

大家设想一下，如果我们将这种针对国内法的观点运用于国际社会，难道不是即便没有治理主体也能为法治奠定基础吗？国内法与国际法的本质区别在于适用对象的不同，国内法的适用对象是"个人"，而国际法的适用对象是"主权国家"。但是，在我看来，在国内法中，我们有时候也会将个人作为单位来考虑，实际上，其对象几乎都可以原样地置换为主权国家。

不过，在探究刑法与刑罚的根据时，我认为其根据是"处罚的欲求"，但在国际法的场合，除了国际刑事法院所管辖的案件之外，运用刑罚进行制裁尚未被制度化，国家至多不过是被赋予遵守国际法的义务。因此，在国际法的场合，就无法以"处罚的欲求"作为根据。

但在我看来，我的这些观念本身还是能够适用的。具体而言，我们可以这样考虑：虽然主权国家原本也想自由地行动，但一旦允许其自由行动，就难免会侵害到他国的利益，为此，正因为是放弃了想侵害他国的利益这种欲求，因而也希望他国不要侵害本国的利益；当这种欲求在相当数量的主权国家之间达成共识之时，就会以缔结条约的方式制定国际法，对条约参加国科以遵守义务。其表层的根据是，在相当数量的主权国家之间产生的"遵守规则的欲求"，但其深层次的根据则在于"各个主权国家对利益保护的欲求"。这正好完全与国内法有关盗窃案件的观念相呼应："虽然有时也想得到他人的财物，但会抑制这种欲求""因此，也不希望我的财物被他人盗走"，这种欲求正是刑法规定处罚盗窃的基础。

如果还是像以前那样，国际法是仅限于欧美发达国家之间的法律秩序，则另当别论。但是，现在已经进入这样的时代：国际经济关系已经像网眼一样遍布全世界，也要求发展中国家参与到国际法之中。只有发展中国家也深切地体会到，参与到国际法之中对本国而言也极有必要，才能使其相对容易地承认国际法。按照我个人的想法，虽然参与到国际法之中确实有放弃自由这种不利的一面，但也有通过国际法来保护本国利益这种有利的一面。如果参加国际法的意义最终是确保本国利益，那么，发展中国家也能更容易地参与其中。可以说，我的国际法存在根据理论，是具有这种现实意义的。

五、"西洋近代"的终结与"世界通用的亚洲式世界观"的构建

有关"国际法的存在与遵守义务的根据"这一主题,上面就是我今天所要讲的主要内容。但是,对于已经年满90岁的我来说,为什么还要如此努力呢?正如本文开头所讲到的那样,为了确立东亚的国际法秩序,我正在与中国的学者一同努力创建由东亚地区的国际法学者组成的组织。

表层的理由确实是因为想让东亚成为不再有战争的和平地区,但是,在更深层面上还潜藏着这样一个认识:我们东亚被赋予了事关人类历史的重大使命,这一点只有那些饱经世事的年长者才有发言的资格。今天是在东亚最大的国家——中国进行演讲,这是一个很好的机会,正好向你们年轻人谈点我个人的一些想法。

最近,日本的经济学家们正在谈论资本主义是否已经终结这样一个话题。资本主义原本设想的"剧本"是,由资金投资产生利润,然后再投资,从而永久持续地发展。但是,最近情况有所改变,如银行的利息已基本接近于零利率;并且,还存在这样一种现象:发展中

国家不断加入到发达国家的行列，在世界范围内，投资目的地越来越少。为此，也开始出现了所谓资本主义终结论。

同时还必须强调，人工智能时代已经到来。与电子计算机一样，人工智能本身不过是人的工具而已，但问题是，人工智能连同自己作为工具的操作程序也一并被设计了。

与机器人结合在一起的人工智能会使人的肉体劳动几乎完全不再被需要，其他诸如经营咨询师、会计师、税务师，最终连政治家、公司职员，甚至某种意义上连医师也变得不再需要。极端地看，我们甚至可以说，占全球人口的10%的精英们的劳动，仅仅就是为了控制人工智能。我不太清楚最终是否会演变成那个样子。但有一点是无法否认的，人类的历史会朝着那个方向迈进，而且，这种迈进还会继续加速。一般认为，在大约三十年之后就会进入真正的人工智能时代，因此，我们人类必须从现在开始为此做准备。

我认为，给予这数百年来的人类历史以巨大影响的，是肇端于15、16世纪的宗教改革与文艺复兴的"西洋近代"文明。表面上看，"西洋近代"文明的支柱是资本主义、民主主义与物质文明。而我们现在所预想到的大变革，在某种意义上就具有从根本上动摇这种"西洋近代"世界观的性质。

何出此言呢？我们知道，欧洲中世纪是以封建制与天主教会的支配为支柱，而否定这一点的，就是所谓"重视、尊重人的知性与理性"的思想，"西洋近代"的三根支柱也正是源于这种思想。但是，大家难道不认为，人工智能扮演了从根本上否定这种思想本身的角色吗？这是因为，对于迄今为止由人的知性与理性所扮演的角色，将被人工智能以远远比人更接近于神的形式剥夺。

如果人工智能时代变革的意义达到了像这样改变世界观的程度，那么，我们现在就必须思考和探索30年之后能够引领人类的新的世界观体系。而能够产生足以替代这种"西洋近代"世界观之新的世界观的，或许正是我们"东亚"。这就是我的构想。

处于替代"西洋近代"之新的世界观的中心位置的，显然是中国的思想。不过，这并不仅仅是因为很早以前中国曾立于人类文明的最前沿，在文化上给予了包括日本在内的周边诸国极大的影响。

首先，我们能够预想到的是，替代属于"西洋近代"文明支柱之一的资本主义的，是有别于此前古典社会主义的、某种与人工智能时代相适应的社会主义。由于此时工人阶级已不复存在，因此，我认为，该阶段与习近平总书记最近所明确提出的，21世纪中叶必须实现的社会主义新阶段，应属于同一个时期，内容上也完全有可能朝着这个方向努力。

其次，是第二个支柱民主主义被替代。在应该将人民的意愿反映于政治这一意义上，虽然为了确保政权的稳定，必须继续维持民主主义，但是，在人工智能时代，则已不再需要"西洋近代"文明创造的以选举制度为根本的"议会制民主主义"。这是因为此种"议会制民主主义"属于只能通过选举才得以知晓民意的时代的产物。

由此可见，新的经济、政治制度的确位于中国现在的社会制度的延长线上。我之所以说，新的世界观的中心应该是中国的思想，这也是根据之一。

不过，对此我想到的一点，是由于新的价值观体系是事关人类存续的极其重大的问题，因而不应该仅由中国一国来确立。如果不与亚洲其他周边国家的有识之士充分协商、共同推进，就有可能使道路出现偏差。

何出此言呢？这是因为，如果仅由一个国家来推动，势必存在受制于"优先考虑本国利益，模糊展望全人类的未来"这一视角之虞。由于日本也曾遭遇过这样的失败,具有这种深刻的体会,因此,我有理由确信,日本也是能够相对客观地把握人类历史发展大势的国家,其智慧也一定能够发挥相应的作用。

我想到的另一点,是由于是以新的价值观来取代"西洋近代"的价值观,我们当然可以推出亚洲特色,毋宁说也要求存在亚洲特色,但还必须是欧美诸国相对容易接受的价值观。有关这一点,我觉得特别有意思的是,构成"西洋近代"文明之根本的康德的理性哲学与孔子的儒家思想之间,竟意外地存在结果上的相通性。

这里可以通过一个例子来说明。我们知道,康德在其代表作《实践理性批判》中曾提到,"应该让决定你想得到什么或者不想得到什么的意志标准,总是同时与世界通行的立法准则保持一致"。他认为那是理性的作用。在我看来,这种思想才是欧洲民主主义的根本。

孔子也提到了完全相同的内容。在《论语》(第一篇"为政第二")中,孔子在讲了"三十而立,四十而不惑,五十而知天命,六十而耳顺"之后,又用了"七十而从心所欲,不逾矩"这一表述,意即"已经到了根本就不希望做出逾矩之事的年龄"。这与康德的学说完全相同。

孔子还教导我们,"己所不欲,勿施于人"(《论语》第十八篇卫灵公第十五),而康德强调的则是通过理性来控制意志,这两者的内容实质上也完全相同。

由此可以说,即便我们将亚洲式伦理的精髓展现在欧美面前,也完全有可能被欧美所接受。亦即,我们这种亚洲式的世界观未必仅仅适用于亚洲。由于国内法与国际法的存在根据均在于"欲求",因此,我的这一观念既适用于亚洲也适用于欧洲,可以通用于欧亚。

以这种理论为基础在东亚确立国际法秩序,并以此作为亚洲向世界倡导的新的世界观的根本——这就是我人生最后的愿望!各位中国的年轻人,我恳请你们能够理解并承继我的这一志向,以中国这一大国为中心,正确无误地开展历史赋予我们东亚的伟大使命。

下编

将历史作为重大潮流的见解

——以带动亚洲近代史的欧洲史观为重点*

一、前言

我此次访问武汉已是第 11 次了,但每次都是数天短暂的逗留。这次访问是作为"孙文与梅屋庄吉史料展"的举办人之一参加武昌辛亥革命博物馆为期 8 天的展览,居然在武汉停留 10 天。因此,我得以有机会能为武汉大学的学生们做演讲,自然感到高兴和荣幸。首先向邀请我的老朋友李国胜先生表示深深的感谢,并且也由衷地感谢今天前来听讲的同学们。

---

* 本文根据西原春夫先生 2010 年 12 月 16 日在武汉大学外国语学院的演讲稿整理而成。翻译:李春草,中山大学外国语学院。

刚才提到的"孙文与梅屋庄吉史料展"一直持续到12月19日，希望大家务必前去参观，尤其是要看完里面放映20分钟左右的录像。看完之后，我想大家一定能理解我在武汉举办此次展览的动机。为了节省时间，对于展览的意义在这里就不做详细的说明了。

二、组织领导者的使命是"通过预测未来做出决断"

在20年或30年后，大家一定会或大或小成为某个组织的领导，活跃于社会舞台。在日本，我有多年的作为一个组织的领导的经历，我常有这样的感想，即组织领导者的最重要的工作是"做出决断"，不时要在自己领导的组织面临存亡时做出决断，而我一人的决断可能关乎众多的员工及其家属的生活。然而，正确的决断能力的培养并非一朝一夕，它无疑来自于失败和成功经验的积累。即便如此，年轻时能否有意识地去磨砺自己，会对未来产生巨大的差异。我想强调的是，重大决断中最为重要的是对组织本身或组织所在的业界做出预测，以及预测周边的社会、地域、国家、人类在不久的将来的走向。也即，对未来进行预测是极为重要的。一个组织究竟是往左还是往右，在歧路徘徊时，能否对未来做出正确的决断预测极其关键。

不过,有很多人对预测有误解。他们认为:预测未来就是正确认识现状,并由此做出判断即可。认识现状是必要的,但我却认为,仅从该层面出发,多有可能受感情支配而误入歧途。即使只听到我的这些讲述,同学们今天拿出时间来听讲也是有意义的,也是很重要的。

当下是过去历史的延续,但眼下的现状是否是"历史的主流"?若不认真洞察事态就不可能达到真正了解的程度。关于这一点,日本有着沉痛的经历。那是在20世纪前期,日本赞同纳粹德国采用的世界政策,于1933年宣布退出国际联盟,走上了帝国主义和军国主义的道路,参与了第二次世界大战。当时的领导者一定认为那是对现状的正确认识,对未来的正确预测。我们的国民和当时年仅10岁的我,也认为那是正确的。这是何等的可怕!我亲身经历了这种以现状为基础的思考所带来的恐惧。

未来是从过去到现在的一种历史发展的延续。但是,如果不是在把握历史潮流的大方向、观察历史主流的过程中预测未来,那么,领导者就会误入歧途。这才是我们应当从中学习的。同学们是栋梁之材,希望诸位现在年轻时就主动培养这样的观察能力。这是我——武汉大学的一位老朋友的愿望，将这个愿望变为现实的就是今天的演讲。

如何观察历史的主流，我想举一个大家易懂的例子——亚洲近代史，并且将它放在整个人类历史的大潮流中来把握，从"带动亚洲近代史的欧洲史观"的视角来观察分析。

三、带动欧洲史的原动力

我首先将"把握历史大潮流"作为一个例子，用30分钟时间，对长达3000余年的欧洲史做一个概要性的总结，谈谈个人的看法。

公元16—17世纪，欧洲在以农业为主的封建体制统治下，新型纺织机械得到了发明、开发，促使纺织业的高度发展，欧洲资本主义就是在这一现象中诞生的。这里给我们一个启示：新型工具的发明带来了经济的飞跃发展。试用这一观点去审视欧洲史。纺织机械、罗盘针、蒸汽机、电力技术、自行车、飞机、计算机都是我们思考的线索，工具的发明是"发现人的欲望的时代"的一种历史观。这个重要观点本应用一定的时间来说明，但太花费时间，所以就不赘述了。

"将历史作为重大潮流"的另一个本质性的观点就是：后期的欧洲历史就是后发展起来的以产业、商业为主的政治、经济结构，对先发展的以农业为主的政治、经济结构发起挑战的历史。如此一来，欧洲史便容易理解了。

公元16世纪前后，欧洲中世纪的封建体制开始逐步瓦解，进入近代的国民国家时代。由于资本主义的发展，不靠土地生活的人口增加，财富积累达到了一定的规模。但是，以农业为主的机构仍然强势，近代初期的政治机构的国家形式是专制君主身边围绕着一大批大地主阶级，被称为封建后期权力机构的"绝对主义时代"，而这个时代持续了200余年。其间，资本主义不断发展，不靠土地生活的人口和财富继续增加，以封建制度为基础的专制国家的形态难以为继。这已成为历史重大潮流中的核心，从中产生了抨击绝对主义弊端的18世纪中叶的"启蒙思想"。顺应这种思想，欧洲列国以1789年的"法国大革命"为契机，蜕变为近代民主主义国家。值得注意的是，此前受到封建制度压制的资本主义，很快建立了符合自身发展的政治机构，其后经历了产业革命，"迅速完成了飞跃式的发展"。我概要性地讲述欧洲的近代史，是为了突出这一点。

问题在于,急剧的发展过程中,"资本主义的弊端"渐渐凸显。一方面,19世纪欧洲产生了一种离不开社会主义的那种悲惨而深刻的"社会问题"。这也非常重要,但这里不得不省去。另一个方面,是我今天要讲的重要问题,即"以殖民地主义为主的帝国主义的形成"。经济活动本来就伴随着这样不可避免的需求:即尽量购买便宜的材料,全力压缩生产成本,再将生产的产品高价卖出。资本主义是以大规模经济活动为前提的,所以,其需求表现得更加强大。比通过贸易更廉价地获得材料的形式是将材料生产国纳入自己的国家殖民范围,并且这个国家同时拥有高价出售成品的市场。

欧洲一些国家很早就出台了将他国作为殖民地的政策,而且时间早于法国大革命。西班牙、葡萄牙、英国等海洋国家积累了足够的经验,成为欧洲诸国的范本。19世纪,资本主义迅速发展的欧洲各国纷纷效仿,成为殖民对象的是此前发达国家还未染指的亚洲和非洲各国。这样,亚洲各国就成了欧美发达国家或以资本主义为主的帝国主义的牺牲品。

四、带动亚洲近代史的欧洲帝国主义

有几点值得注意。第一，如前所述，历史迅速发展，众多国家一齐往同一方向迈进，其结果发生了"各国竞相掠夺殖民地"的现象。国与国之间的竞争，需要比对手具备更为优势的地位。当时的帝国主义国家必然主张"以军事力量为基础"，炫耀自己是世界最有优势的。这恰好给"偏狭的国家主义"的依据做了注释。第二，（这是我个人的主要观点）当时欧洲各国的国家观具有内外矛盾的两个方面。外表是以权利、自由为基础的议会制民主主义之下一种华丽的国家观，内在是用军事力量将他国理所当然地掠为殖民地的一种黑暗的帝国主义国家观。欧洲的近代国家观产生于历史的需求——打破封建制，建立符合资本主义发展的国家形态，因而必然具有适合现实需求的内外两方面的性质。

这种观点使我们了解到日本近代成功摆脱殖民束缚是因为全面地采用了与欧洲一样的议会制民主主义国家的体制；而且我们清楚地知道，当时众多的中国青年为学习这些方法赴日本留学的意义。同时，日本为摆脱沦为殖民地所学到的欧洲近代国家观，不可避免地包含内外两个方面,即议会制民主主义华丽的一面和以殖民地为核心的帝国主义黑暗的一面,并学习、掌握、实践之。我认为,日本后来侵略亚洲他国的历史背景也源于此。由此可以判断,19世纪后期到20世纪前期,亚洲发生的一切以及复杂的国家冲突的背后,清晰可见欧洲近代史,特别是欧洲资本主义发展史的影子。

结果我们知道,日本对亚洲他国的侵略是绝对不可抹去的事实,也有不可逃脱的责任,但它的思想基础绝非子虚乌有。我们不可否认日本当时追赶一种已然的思潮,并付诸行动的一面;否则,我们无法从学术上正确地把握日本侵略亚洲他国的意义。

五、 1945年以后欧洲历史对亚洲的影响

1. 帝国主义的终结

如上所述,在1945年日本帝国主义终结之前,推动亚洲历史进程的力量毋庸置疑是欧洲历史的影响,问题是1945年以后,欧洲历史对亚洲历史进程的影响是否还存在呢?从表面上看,我们很容易会认为是亚洲人自己主宰着亚洲的历史,而实际上并非如此。

请大家再次回顾一下1945年,这一年是不平凡的

一年。

从世界范围来看,这是第二次世界大战结束的一年;从中国来看,又是抗日战争取得胜利的一年;随着日本傀儡政权——伪满洲国政府的倒台,以及外国列强在两年前就开始陆续从各自租界撤退等,对于当时中国的广大民众来说又是自己的国家获得完全独立的一年。

然而,如果用更加开阔的视角去审视整个人类世界历史的发展,1945年发生的事件使人类历史有了更重大的变化。而和我今天演讲的题目最为密切的是:其后的数年间,曾经的殖民地国家都陆续获得了独立这一现象。殖民地国家的独立,意味着某个历史时期的结束。关于这一点,不知大家是如何认为的?对此存在着各种不同的见解,而我们又应该认同哪一种观点呢?

我想,单从1945这一年的世界形势去分析,并不能找到准确的答案,有必要追溯到第一次世界大战结束后的1918年,寻求问题的根源。这么一来,我们理应注意到,要解答这一问题有几个关键点。

我个人认为重要的有以下三点。其一,1920年国际联盟的成立;其二,奥地利贵族——理查德·库登霍夫·卡勒基所著《泛欧洲》(Pan-Europa)一书的出版对整个欧洲产生的重大影响;其三,1928年,在美国国务卿弗兰克·凯洛格和法国外交部长阿里斯蒂德·白里安的共同提议下缔结了全名为《关于废弃战争作为国家政策工具的一般公约》（又称《白里安-凯洛格公约》或《巴黎非战公约》），当年就有 15 个国家和地区加盟，至 1933 年已发展到 63 个成员。这些在帝国主义鼎盛的时期，是绝对不可能发生的。

那么，为何在这一时期发生这样的历史性转折呢？我想，还是要从人类对第一次世界大战惨状的反省中去寻求根源。虽然"一战"与"二战"相比，规模甚小，但在当时，人们却对它有一种深刻的认识。

然而，在当时人们的心中还存在着另一种较为深刻的思想。而激发这种思想的正是一本名为《没落的西方》的著作。这本由德国哲学家、文学家奥斯瓦尔德·斯宾格勒撰写的著作完成于第一次世界大战末期，并在 1918 年首次出版发行。不仅标题给人以极大的冲击，内容也足以使整个欧洲人为之震惊。作者在分析人类历史发展历程的基础上，认为所有的文明国家都会在最后的阶段陷入帝国主义的泥潭，并最终走向没落。回头看，欧洲也不例外。

这本书对在第一次世界大战的惨状中饱受苦难的欧洲人民产生了极为深刻的影响。前文提到的库登霍夫·

卡勒基、白里安、凯洛格等人据说也都受到了这本书的影响。如此看来，当时人们已经认识到如果不放弃帝国主义，欧洲将必然走向灭亡，而前面所述的第一次世界大战后发生的一系列历史事件可以说正是人们在对帝国主义的强烈反思下发生的。

问题是，为什么说这个时期帝国主义并没有真正地走向终结呢？不言而喻，是由于此后又爆发了第二次世界大战。那么，为什么在这种反帝国主义思潮的不断深入普及下还会爆发第二次世界大战呢？理由是很简单的。发动第二次世界大战的几个国家，无论日本、德国还是意大利，虽说都是拥有古老历史的国家，但实质上又都是后进的资本主义国家，由于各自不同的原因，在帝国主义国家对殖民地的争夺中较晚出现，如果能考虑到这一点就会很容易理解了。

当发展中国家达到国际水准时，常常会倾向于模仿发达国家曾经的发展模式，即使是发达国家认为存在弊端而打算停止的一些做法。而发展中国家却反驳说，那只不过是发达国家不顾弊害获得巨大利益后，命令不发达国家停止发展的一种狡诈手段。当时，持有这种主张并无视发达国家的意见，一意孤行地贯彻帝国主义思想的是德国、日本和意大利。

到现在为止，我想大家应该已经明白我为何解释这么多的原因了吧。为什么在"二战"结束后，曾经的殖民地几乎都实现了各自独立呢？原因有多种，但根源在于主导殖民地政策的欧洲帝国主义走向了最终灭亡。也就是说，早在第一次世界大战结束时，发达国家就已经意识到了帝国主义的弊端，而作为后进资本主义国家的日、德、意三国却妨碍了这种思潮的发展。日、德、意三国战败后，这种对帝国主义弊端的认识才得以稳定下来。我认为这是人类历史进程中的一次巨大进步。

之后发生的很多历史事件都验证了这一点。不仅是1945年成立了联合国，而且由它制定的《联合国宪章》在很大程度上完好地继承了前面提到的1928年《白里安-凯洛格公约》里的很多精神。在此后的60多年间，虽然地域间的争端不断，但以前的那种帝国主义式的侵略战争不仅没有爆发，而且发达国家间的大规模战争也都不曾发生。

1945年所承载的重大历史意义，已经深深地刻入了这一不平凡的年份里，而对于我们人类来说，由于对事物的认知有限，想要弄清楚这段历史，有必要亲身去感受这60余年的岁月。

2. 胜利者带来的弊端

当我们回顾悠久的人类发展史,会发现在人类历史发展的长河里,产生推波助澜作用的历史事件中,同时存在着胜利与失败的两方,任何历史的变迁也都有利弊两面,胜者势必在获取利益的同时也在扩大其弊端,因此,便产生了深刻的社会弊害。以过去为例,继法国大革命之后,欧洲资本主义得到了迅速发展,一方面人们从这种发展中获得了种种幸福;另一方面,也产生了必须由社会主义制度才能解决的深刻的社会问题及以殖民主义为主要内容的帝国主义,都明确地证实了这种历史的两面性。成功避免了沦为殖民地命运的日本,很快也陷入了帝国主义的泥潭,这同样证实以上的说法。

如上所述,这种胜利者所带来的弊害的现象,在1945年以后以各种各样的形式出现。20世纪90年代前后,在"冷战"中取得胜利的资本主义阵营随之面对的便是环境问题、资源问题、水资源短缺等一系列问题,还有1987年的金融危机、最近以雷曼兄弟为先导的世界金融危机也应该是类似的例子吧。

在成功实行改革开放政策后经济得到飞速发展、一跃成为当今世界第二大经济体的中国,是否也将面临上述难题?我想这应当成为主宰着中国未来发展命运的当代青年学生冷静思考的问题。而给我们提供借鉴的正是刚刚过去的那段历史，即在近代世界史中，可以肯定地说，所有改变历史进程的胜利者取得胜利的同时又都带来了某种弊端。我希望大家能以"前事不忘，后事之师"时刻警惕自己，去审视身边各种事物。

3. 区域共同体的形成

最后还有一点，是关系亚洲未来发展命运而不得不引起重视的，即"二战"后欧洲的一体化进程的历史。实际上我认为这可以成为我们亚洲解决现实中各种棘手问题的一种参考。请大家听我阐述具体原因。

不知道大家对欧盟的历史有多少了解，我想谈谈大家所熟悉的话题。今天，在欧洲仍然存在着如德国、法国、意大利等这种"国家"的概念，因此，国境也依然存在，但是那些在过去曾专门负责检查乘车出境人员的护照而设立的安检机构现在已经完全不存在了。众所周知，过去使用的马克、法郎、里拉等各国的货币也已消失，不仅加盟国如此，连整个世界都已经在使用欧元这一统一的货币了。

关于欧盟形成的历史在这里我就不再赘述。我要说的问题是，在历经数百年的反复征战、在不断持续的对立关系中发展而来的欧洲各国为何会形成一个共同体，乃至连货币都实现了统一呢?如果弄不清楚这个问题,我们就无法正确判断欧盟这一统一体到底仅是欧洲范围内的一种现象还是人类历史发展的一个新趋势。

在此请让我先陈述问题的结论。像欧盟这种超越国家范围的区域性组织的形成是人类发展的一种普遍现象,在亚洲,我想也必然会在某个时期、某个范围内、以某种形式形成这种类似的组织。

欧洲共同体形成的理由、背景的确存在各种因素的交织,但是最根本的原因是随着科学技术的发达,人力、物力、资金、情报、经济活动、犯罪活动等都在大规模地超越国境成为国际性问题,而且今后这种趋势也不会停止。于是,边境便成为一种阻碍各国交流的屏障。这样一来,边境的作用不得不减弱。随着边境制约的缩小化,必定会产生新的跨境纷争问题。如果是关系整个人类的共同问题,应当由联合国这样的政府间国际组织去应对;如果只是属于各个地区所特有的纷争,就应该由各个区域组织去解决。

解决问题的程序会因地域特征的不同而不同。在欧洲,其采取了适合欧洲特点的方式才逐渐形成了一个超越国家的区域性组织;在亚洲,我想应当会采取另一种不同的方式吧。但是,像行政、立法、司法此类现在只存在于单个国家内部的权力机构，也将会成为一定范围内的地域组织共通的权力组织架构，且这种历史趋势是不可阻挡的。我们每个人也都应当具备这种意识。

当今，虽然国家间的边境仍然存在，但势必会走向模糊化。随着这种趋势的发展，国家间的边境纷争问题会根据地域间签订的共同协议而得到解决，我们对这种历史发展趋势的认识，不仅仅停留在对人类历史的预测，而且在具体问题的解决上也应当会发挥重要的作用。也就是说，在确定人类历史发展方向的前提下，我们只有对它有预知，才能解决应有的问题。例如国与国之间存在的棘手的边境问题，如果只是从现状出发，无法得到进一步解决。因为无论采取何种方式，都必然会出现失败的一方。如果想要寻求一种使双方都可避免失败的解决办法，那么，只有采用我刚才所说的、从对"未来的合理构想"中找出解决当前问题的答案。

今天，我所讲的对人类历史的预测，预示着战争的回避、和平的实现、对军事力量理解的变化、人民的共同繁荣等令人期待的方向。诸位会不断地成长，以某种形式担当起推动国家发展的角色，势必在未来的20年、30年乃至50年里，你们会成为决定未来方向的人。

而今天我要送给大家的是，正如我在演讲开始时说过的：未来是过去历史的延续。我们通过培养观察历史全貌的眼光，来分清历史的主流，正确地预测未来。这也是一个卓越的领导者不可欠缺的素质。我也衷心地期待大家从今天开始，常怀一种"问题意识"去勤勉苦学。

最后，谢谢大家能长时间耐心地静听我的演讲。

世界的东亚及其中的中国和日本 *

一、大变动期之到来

在几年前的日本，先在经济学家之间，后到一般社会学家当中，已经开始"资本主义"是否终结的讨论了。

这一探讨的契机乃是经济学家水野和夫出版的《资本主义的终结及历史的危机》（2014年集英社）一书。资本主义的本质是投入资本产生利润（即剩余价值），以此达成资本增值的目的。但是，第一，最近日本，当然也是世界范围内，利率降低且已经接近零，也就无法产生利润。第二，虽然为了产生利润需要有投资目标，

---

* 本文是根据西原春夫先生2017年9月15日在东南大学的演讲稿整理而成。原载于《东南法学》2017年第2期。翻译：储陈城，安徽大学法学院。校对：刘明全，东南大学法学院。

然而由于经济发展波及世界，投资目标逐渐减少乃至消失。这样一来，可以说资本主义不能维持了。

那种现象确实正出现在日本。银行普通存款的利息在1991年的时候还是1.83%，也就是存入100万日元会有18300日元的利息，而到了2016年利率则已经降至0.0056%，100万日元的存款只能得到56日元的利息。虽然储户也感到困惑，银行也不得不改变其创立之初的业务内容。

在20世纪50年代，投资目标在日本国内尚且存在，而随着80年代经济高度增长的终结，投资目标在日本国内就再也难觅踪迹，于是投资的目标投向了周边发展中国家。最近，由于这些发展中国家也完成了经济发展目标，渐渐地不再是优质的投资地点，所以，不得不向其他地方寻找更好的投资目标。

说到资本主义，其数百年间从欧洲扩张到整个世界，成为经济增长的制度根基。如果真的要迎来它的终结，显然并不是一件值得庆幸的事情。因为要发现取而代之的新型经济模式并不那么容易。

如果有人认为，因为中国是社会主义国家所以不必为此担忧，那就错了。20世纪70年代末期，社会主义中国发生了翻天覆地的变革。我现在还记得邓小平那句名言，不管白猫、黑猫，捉到老鼠就是好猫。基于这个思想，中国实施改革开放政策，转眼间就变成了富裕的国家。这种方式本来只是资本主义国家的产物，因为资本主义容忍作为根基的有限责任公司和股票投资市场等制度。典型资本主义国家出现的"投资目标减少"这种现象，在中国不是也有所显现吗？

最近，在日本引起人们极大关心的问题是人工智能一旦发达，就不再需要某种职业，这通常是附随在机器人技术发达这一问题中予以讨论的。截至目前，工厂生产中的大量环节已经被机器人所取代。因为机器人操作在比人力更精确的情况下，能够生产出大量的产品。单纯体力劳动领域中的这一现象，伴随人工智能发达的同时，不得不说也进入了精神劳动领域。

根据某研究人员的估算，人工智能技术的发达会使目前49%的职业存在被替代的可能。如果极端地说，人工智能技术实现全面发达的十年后，一半的劳动者将要失业。人类即便不工作也没事，乍一看好像是一件很理想的事情，但问题是，供养如此大量的不工作人口的经济体制能否仅凭人工智能确立；如果不能的话，后果就不堪设想，任何国家都不例外。

反过来想，引领人类历史长达数百年的"西方近代"文明的支柱乃是资本主义、民主主义。虽然其产生了诸多的弊端是不争的事实，但它也使人类的物质变得丰盈，从而生活得以更加幸福，这也是不争的事实。正因为如此，资本主义和民主主义作为有力的指导理念，给人类历史带来了很大影响。

那样考虑的话，资本主义或将终结，那就意味着西方近代整体已经开始动摇了。我自己现在还处在不能断言资本主义终结的状态。我觉得，通过人工智能或机器人等技术的开发，资本主义反而可能得以恢复，并通过改变形式而存续。

很明显的是，我们已经迎来了人工智能不再是人类单纯的工具，而是代替人类来运转经济机构的时代。因此，那种经济政治机构已不靠以人类才智和理性为中心的"西方近代思想"来支撑。难道不是吗？

这已经在"西方近代"支柱之一的民主主义中表现出来。目前日本所采用的议会制民主主义，虽然原本是以不选举就无法体察民意为前提的制度，但是，伴随互联网的发达，其根基正在崩溃，而且最近，已经暴露在民粹主义的风暴之中。但是，这一问题实际上并不仅仅限于西方资本主义民主国家，社会主义的中国，不是也正在受到冲击吗？我深深意识到，这些科学技术正在威胁西方社会制度,这就是现状。

我一直强调这一点,是因为我有下面的想法,如果"西方近代"动摇并迎来转折期的话,作为西欧以外文化圈的东亚,是否会被赋予某种历史的使命呢?这是一个宏大的命题。

二、如何思考全球化

然而,为了理解人类历史的大趋势,一起来思考作为21世纪世界性特征的全球化现象。这个用语具有很多个意思。一般是指市场经济扩大到世界规模,所有经济活动超越国(边)境广泛开展。

但是,如果说经济活动为何会那样,是因为所有经济活动都能够轻易地大规模地超越国(边)境广泛开展。最初是人的跨境,然后是物、资本、技术、信息直至现在的国际性犯罪。即便人不活动,犯罪活动也会产生。经济正是其中的一环。

为何会变成那样呢?其理由很简单。科学技术发达的结果,是发明出了大规模的使所有事物都能轻易地出入国(边)境的"工具"——轮船、电话、机动车、飞机及电脑。这样看来,只要科学技术发展不停止,全球化现象可以说是不可避免的。即便不喜欢，也不会停止。

然而，最近出现了抵制全球化现象的动向。一是英国脱离欧盟的事件；二是在一直自诩为"世界警察"的美国，倡导一切以国家利益为中心，即"美国优先"政策的特朗普当选总统。不得不说这些事件都是同注重国际关系的全球化趋势唱反调，将船舵转向了国家主义的方向。

看到这个动向，可能有人会认为历史主流从全球化转向了国家主义。但是，我认为那是目光短浅的表现。为什么这么说呢？请返回看一下之前说明的全球化的根基，因为这是历史的必然现象，全球化正是历史无法改变的主流。因此，最近欧美的一些动向，不得不说是逆历史潮流而动。

那么，如果说为什么欧美是在逆历史的潮流，我认为其原因也是很清楚的。他们弄错了应对全球化的策略。

欧洲各国为了应对全球化，通过以组建欧盟的形式推进区域的一体化，我认为这是顺应潮流的正确态度。然而，或许由于他们对区域一体化操之过急，出现了一些失败的案例。其中之一就是，布鲁塞尔行政机关变得过于强势而没能确立民主主义，因此，没能吸纳自傲的英国人。其原因并不在全球化自身，而是在对待全球化的应对策略上出现了错误。

美国金融资本主义太强大的结果,就是为了推进全球化,采取了全方位强调规制缓和的所谓"新自由主义"作为基本理论。另外,宽松的国(边)境政策使移民、难民增多,这些移民、难民抢占了美国人的就业机会,导致国民的强烈不满,这就成为了"特朗普现象"。这不也是美国应对全球化策略的失误吗?

问题是,我们东亚人能够从中学到什么呢?如前所述,全球化趋势不可避免,这也适用于亚洲。因此,东亚也必须推进全球化的进程,因为这是无法抵抗的。在这一背景下,最重要的是吸收欧美等地的发达国家留给我们的积极和消极两个方面的经验和教训,从中可以看到我们应当采取的态度。

三、东亚而非全亚洲的框架

为了应对全球化,我们如何考虑区域的一体化活动的框架,在什么样的场合去谋求一体化。最近中国提出了"一带一路"、亚洲基础设施投资银行等宏大的构想,向西方描绘出从中亚出发、跨越阿拉伯各国、直至欧洲的巨大版图。

但是，毫无疑问的是，由于其中包含发展阶段、价值观念上存在巨大差异的国家，很多政治上尚未安定的国家也在其中，其并非地域统合机构，而是为了加深经济相互关系的框架。

问题是，是不是需要一个更高密度的区域一体化组织与之并存呢？全球化越深入，则超越国家的种种共通的问题就会产生。为了应对这些可能发生的问题，已经无法通过国对国的方式进行解决，必须通过一定区域的一体化组织来进行应对。这种情况下，迫切需要的是一种超国家的政治组织出现。

世界上最具备区域一体化条件的欧洲，形成了欧盟这样的超国家的政治组织。虽然其中包含着很多问题，但基本上是顺应历史的发展趋势，并引领时代的产物。

亚洲并不具备欧洲那样的一体化的条件。但是，如刚刚所言，亚洲也同样必须存在一些超国家的政治组织。我同样认为，必须成立与欧盟在形式上不同的政治组织。

那么，能够在何种地方寻求那种框架呢？如果再稍微缩小这个框架的话，"亚洲"这个概念就会浮现出来。

但是，请大家试着想一下亚洲奥林匹克运动会的组成国家，让世界陷入混乱和不安的各种激进派正在活动的国家，不也是并行存在吗？因此这并不是一个能够以伙伴的身份友好地讨论问题、找到解决方案的区域。

如果把那种框架再进一步缩小的话,就会浮现出"东亚"这样的范围,其包括了东北亚和东南亚。对于我们来说,"东北亚"确实是最近的"近邻",但是无论是在过去,还是在"二战"结束后70余年的今天,都还没有出现区域一体化的迹象。

跟它相比,东南亚勉勉强强还是形成了东南亚联盟这样的集合体。并且,正是由于有这样的集合体,2000年之后,产生了"东盟10+3"的构想,中日韩三国被纳入了东亚的框架组织之内。不仅如此,这个框架内的各个国家也在经济上有着紧密的关系,作为"近邻"的组织,可以说最具有现实性。

当然,"东亚"并不只限于这些国家。但是,如果"东盟10+3"体系中的13个国家能够展示出独自的一体化组织的话,就可以说作为东亚这个整体,跨越国(边)境处置共同面对的问题成为可能,这个一体化一定要努力缔造成功。

四、东亚应成为不战/和平之地域

1945年,第二次世界大战以日本战败而告终,那时，我还是一个17岁的青少年。对于在战争之时，一直受日本的偏激思想的影响，被作为爱国少年、军国少年培养的我来说，战争结束是一个重大的冲击。尤其是战后，了解到在战中，日本军队对于周边各国实施的暴行，这种冲击达到了顶点。从那以后我得出了两个结论：第一，这种仇恨会波及三代人，日本人必须通过三代人的努力来持续补偿那些受到伤害的国家；第二，绝对不能再有战争，这也决定了我一生的行动方向。

2014年6月一个非常偶然的机会，我受到邀请，在北京的清华大学主办的"第三届世界和平论坛"的分会场——"东北亚的安全保障的对策"中做报告。这也是时至今日，我所作努力的出发点。

我在报告中指出："为了确保东亚的安全，只能确立非通过武力，而基于国际法的对话来解决纠纷的意识。"其前提是："必须确立在东亚能够现实地发挥作用的国际法秩序。"为此，我主张有必要创设一个"东北亚国际法学者的研究协议组织"。

回国之后，碰巧我在早稻田大学法学部的学生在日本外务省担任要职，因此和他谈到创设这样的组织的想法，也得到了他的支持和肯定的回复。

我于2015年首先在日本国内召集了权威的国际法

学者和包括中国研究者在内的区域研究人员、国际政治的研究者在内的 20 人，成立了"东亚国际法秩序研究协议会"。此后，在和各位委员先生的协商的基础上，一边观察政治局势，一边对中国的国际法学者做工作。2016 年 8 月，由上海社会科学院担任秘书处，决定成立由全中国具有代表性的 10 名国际法学者组成的组织。并且在 2017 年 6 月 10 日，于上海成功召开了第一届中日国际法学者的论坛——"首届东亚国际法论坛"。论坛同时决定在 2017 年 11 月于东京举行第二次会议。

另外，我也开始努力再创设一个东亚国家国际法学者参与的协作组织，现在确定了包括韩国、新加坡、泰国、菲律宾在内的，成为关键性人物的权威的国际法学者。对于尚未参与的其他国家的学者，将视资金情况计划进一步扩大。关于这一组织的名称，决定采用中国学者的建议，起名"东亚国际法论坛"。

我费心思地创造条件，让中国学者不因南海问题而能安心参加。

第一个条件是，（论坛）是从东亚理想的国际法秩序到底是怎样的这种规范层面进行讨论。

第二个条件是，关于理想的国际法秩序，尽可能地努力扩大能够达成共同认识的范围，对于无法达成一致见解的部分予以接受。但是，关于其理由，清楚地以学术化的形式记录正反两方观点并予以公开发布。

第三个条件是，关于无法达成一致见解的部分，不试图在现阶段予以解决。但是要以较近的未来，如三四年、中长期的未来，如30年左右，以及较远的未来，如22世纪的时候能够达到预想到的状态为前提。关于问题的解决，将集思广益并尽可能地尝试提前提出方案。如果有可能，将最终的报告书报送给各国政府予以建议。

第四个条件是，若只是通过大规模会议的形式进行讨论，很难得出解决问题的对策，那么，我们将灵活地举办由少数关键人物参与的会议，从而可以交流真实的声音。

考虑用这种特殊的方法来应对，或许可以说是我在30年来推进中日刑事法学交流过程中所得出的经验性成果吧。

五、向往的中国与日本的关系

如前面已经谈到的那样，东亚各国作为邻国是具备可以跨越国境解决共同问题的具有地缘性的区域。虽然无法组成如欧盟那样坚固的组织，但是我认为成立一个统一体来起到共同活动组织的作用还是有可能的，并且这也是很有必要的。从这一意义出发，我们"东亚国际法论坛"的形成和活动，是不是具有一种先驱性或者示范性的意义呢？

我一直向中国的研究者们提到："东亚各国具有较强的多样性，我们必须要注意到这种多样性。同时也必须要重视一个事实，即中国显然具有大国的属性。但是，在形式上，我们必须平等地对待所有的国家。日本虽然是提案的发起国，但是不能作为会长国。然而因为必须要有运营管理，所以日本可以作为秘书处来发挥功能。希望作为大国的中国也能够担任管理者的角色共同活跃在东亚的区域一体化中。"只有这样，东亚各国才能够积极参与其中吧。

创设东亚这样的区域一体化还有其他的意义。就像刚才所说的那样，如果因近代西方的动摇、人类的生存方式迎来大转变的话，那么，和近代西方不同的文化圈就必须要创设出一种新的生存方式。东亚是否有这样的能力尚不可知。但是在理论上，东亚具有这一使命是无法否定的，至少我们必要朝着这个方向去努力。

这样考虑的话，作为核心的应该付出努力的国家，必须是一个大国，中国自古以来就能够孕育高度文明，符合这一条件。但是对于中国而言，要承担成为下一个时代国际模范的伟大国家的课题，并不是一件简单的事情。另外，尽管只有中国能够担负起这样的重任，却仍然有一些要解决的问题，中国目前还需要继续发展并完善国际社会的各种关系。

考虑这一点的话，在亚洲最先跃进发达国家行列的日本一直与中国并肩合作，努力参与策划是不是有必要呢？如果能够如此，周边各国参加的积极性也将会大大提高。不仅如此，我想这也无疑会为保障东亚的和平发展做出贡献。作为中国的老朋友，我对此确信无疑。

从年号的视角看近代日本的过去与将来*

这次能受邀在云南大学演讲，我感到非常光荣。我第一次访问中国是在 1982 年，此后 37 年间多次访问中国，这一次是第 89 次。

我今天演讲的题目是《从年号的视角看近代日本的过去与将来》。不夸张地说，即便是在日本人中，能够讲清楚这一问题的，想必除我之外再无他人。无论是在日本还是在中国，我都是第一次讲这一问题，因此，在座诸位应该也是第一次听到这一话题。

一、天皇制与年号制的历史

日本的历史从何时开始，对此存在各种观点，应该

---

* 本文根据西原春夫先生 2019 年 10 月 10 日在云南大学的演讲稿整理而成。翻译：王昭武，云南大学法学院。

说，至今也没有一个明确的说法。据中国汉朝的《汉书》记载，当时的日本被称为"倭"，分为一百多个小国家，定期向汉朝朝廷进贡。

也有这样一种说法：在公元三世纪左右，中国正处于魏、吴、蜀三国争霸的"三国"时代，日本的某个豪族将自己的领地取名为"邪马台国"。女王"卑弥呼"得到了魏国皇帝的承认。有关"邪马台国"的所在地，有两种说法："九州说"认为，是靠近日本国西边尽头的九州的地方；"近畿说"则认为，是位于大阪、京都、奈良一带。按照"九州说"的说法，"邪马台国"就是九州这一块地方的豪族集团，而按照"近畿说"的说法，"邪马台国"就是与延续至今的"大和朝廷"的历史联系在一起的一种政治组织。

此后，日本国逐渐开始谋求权力的集中化，从某个时期开始，似乎就形成了被称为"大和朝廷"的中央集权国家。但"大和朝廷"的历史有一半属于神话故事，究竟是从什么时候开始的，也并不是很清楚。不过，根据《古事记》等文献记载，似乎是"大和朝廷"首先采取了"天皇制"，自第一代天皇"神武天皇"以来一直延续至今，现在的天皇是第 126 代天皇。当然，其中既包括实际存在的天皇，也夹杂有是否真正在位过尚存在疑问的天皇。最近,"百舌鸟"古坟群被列入世界遗产名录。其中的"大仙陵古坟"据说是第 16 代天皇仁德天皇的墓地。如果能对此进行挖掘考古,想必能够清晰地呈现当时的历史事实。

公元七世纪,在中国,李渊接受隋朝禅让建立了唐朝。在隋唐时期,中国曾武力进攻位于当时的朝鲜半岛北部的高句丽,其影响波及整个朝鲜半岛。这种情况通过从朝鲜半岛过来的人传到当时的日本,当时的日本政府也开始感受到危机,并寻求某种应对措施。日本国内开始出现进行"国政改革"的呼声,终于在公元 645 年,日本发生了史称"大化改新"的政治改革。一方面,借鉴中国唐朝的制度,确定了"律例制度"(法律制度),在公元 701 年完成了日本的第一部成文法典《大宝律令》;另一方面,正式确定了此前就已经形成的"天皇制",并且,"年号制"也开始被明文规定下来。

日本语言的历史也不是很清楚,在日本古代的"假名"文化中,不知何时开始与中国的汉字文化合流,天皇的称呼也是用汉字来表示。年号从最初开始直至今天都是用两个汉字表示,最初的年号就是"大化"。

二、从"平成"到"令和"

我不知道中国是否做过相关报道。在日本,自1989年以来在位长达30年的天皇,因年龄原因,于2019年4月30日正式退位,其长子自2019年5月1日起正式继位。与此相关联,日本政府于2019年4月1日决定并公布了新天皇时代的年号。不知大家是否已经知道,新天皇的年号是"令和"。

前任天皇的年号是"平成"。1989年的1月,此前的昭和天皇去世,需要为新天皇确定年号,我当时也有幸参与其中。事实上,早在昭和天皇去世的前一年,即1988年,因天皇患病,为了制定新年号,日本政府秘密设立了"有识者恳谈会",我被任命为八名"文化人"中的一名。我当时是早稻田大学的校长,还同时兼任日本所有私立大学均加盟的日本私立大学团体联合会的会长,可能是作为私立大学的代表而被任命为委员。

事实上,直接提议"平成"这一年号的,并不是我们这个"有识者恳谈会"。历史学家、中国古典学家等已经提出了诸多方案,日本政府从中选出三个,在昭和天皇去世后,紧急召集我们"有识者恳谈会"的成员,由我们从中选定"平成"这一年号,然后经内阁会议确认并公布。

总之,由于我曾经亲自参与过"平成"年号的制定,因而也非常关心新年号的确定,自己私下也曾就此考虑过很多,因此,对于年号本身及"令和"这一新年号,我都有着不同于其他人的一些个人想法。今天的演讲内容正是我思考的成果。

三、"语尾流动的年号"与"语尾关闭的年号"

至少对于进入近代之后的日本的年号,迄今为止,有一点是未曾有人提到过的,那就是从日本的年号的发音,尤其是语尾之语韵的角度来看,日本自从进入近代社会之后,交替采用了"语尾流动的年号"与"语尾关闭的年号"。

在明治维新之前,江户时代、德川时代的末期,连续几代都是"语尾流动的年号",也就是年号的发音的最后的语韵并未直接关闭结束,而是带有长音。例如,嘉永、安政、万延、文久等,都是如此。虽然还属于江户时代,但到了"元治"时代,则时隔很久又制定了一个"语尾关闭的年号",也就是年号的发音的最后的语韵直接关闭结束，不带有长音。并且，自此之后直至今日，一直是交替采用"语尾关闭的年号"与"语尾流动的年号"。例如，庆应、明治、大正、昭和、平成、令和，就正好是交替采用。

很多日本国民也并未意识到这一点。我为什么这么说呢？我做这种判断的根据是，在"令和"年号确定之前，很多新闻媒体曾就"你估计是什么年号""你认为什么年号更好"等问题做过问卷调查。由于已经完全习惯了"平成"这种"语尾流动的年号"，八到九成的受访者都预测或者希望采取"语尾流动的年号"。由于我此前已经关注到这种节奏或者韵律，因而我的预测是这次肯定会采取"语尾关闭的年号"。果不其然，"令和"就是"语尾关闭的年号"，"和"的发音不带有长音。

这种节奏或者韵律的存在是一种客观的事实，我不过是特别注意到了这一点而已，这里丝毫没有加入我个人的理论或者观点。因此，在座的各位，你们可以记住这一点：日本近代史上的年号还有这样一个特点。你们也可以骄傲地对你们的日本朋友说，你看看，你们日本人自己都没有注意到吧！

四、与"语尾流动的年号""语尾关闭的年号"相吻合的时代特色得以确立

下面的内容中,由于夹杂了我个人的一些见解,因而能否说与上面的第一点一样也是完全客观的,就不得而知了。

我要说的是,作为一个历史事实,这种"语尾关闭的年号""语尾流动的年号"的交替,竟然与"关闭"的时代、"流动"的时代完全吻合。正如后面所要分析的那样,我们可以看到这样的特色:在"语尾关闭的年号"的时代,日本积极地向世界展示自己的存在,而在"语尾流动的年号"的时代,日本则不过是追随世界大流。

自古以来,在遭受天灾、瘟疫、战乱等时候,年号承载着希望通过改变年号而改变社会与国民的某种意识的功能。因此,年号里面也许存在社会心理上的影响力。如果我关于"语尾关闭的年号""语尾流动的年号"的看法具有客观性,那么,对于年号的功能,我们就必须重新从学术的角度进行分析。对于江户时代末期的 6 个年号,也就是嘉永(1848—1854)、

安政（1854—1860）、万延（1860—1861）、文久（1861—1864）、元治（1864—1865）、庆应（1865—1868），我们可以对照当时的历史事实来考察。例如，"元治"就完全属于"语尾关闭的年号"，实际上这个年号也仅仅存在了一年，此后就全部是"语尾流动的年号"。令人感到不可思议的是，在此期间，日本完全是随着历史的潮流而动，在世界历史上并没有什么大的作为。

具体而言，在江户时代，日本持续闭关锁国达260年之久。在"嘉永"年号的时代，美国的佩里准将率领四艘军舰到访，要求日本打开国门。在日本，这四艘军舰被称为"黑船"，也被看作明治维新的契机。自"嘉永"年号的时代以来，面对以军事实力为后盾的、以美国为首的帝国主义先进国家，江户幕府不知所措，签订了几乎是全面接受对方要求的不平等条约。因此，自"嘉永"年号的时代以来，日本完全是追随时代潮流而动或者说被时代潮流所推动、所裹挟，这样评价是没错的。

要避免沦为西欧发达国家的殖民地，日本政府意识到，除了打破幕藩体制、封建制，建立以天皇为中心的强有力的中央集权国家之外，没有其他路可走。正是在这种背景之下，日本于 1868 年断然实施了明治维新，国家政权的核心也由江户幕府实质上转移至天皇。这时诞生的年号是"明治"。"明治"（Meiji）就是"语尾关闭的年号"，也就是最后的发音直接结束而没有长音。不知道大家对日本的近代史了解多少，在我看来，回顾明治时代的日本，姑且不论这个时代的内容本身的好坏，但至少可以说，这显然是一个积极地向世界展现其存在感的时代。

经过长达 260 年的闭关锁国，一直孤立于世界偏安于亚洲一隅的日本，自明治维新以来，仅仅才经过四十年的时间，就能够在半天之内一举全歼号称当时世界最强大的俄国的波罗的海舰队。之所以能取得如此战绩，当然也存在其他很多有利条件，但是，能够战胜世界大国俄国，还是震惊了整个世界。

在这四十年间，日本还建立了足以匹敌西方先进国家的完善的国家制度、法律制度、教育制度及军队，并且，废除了不平等条约。因此，在此期间，日本在亚洲首先奠定了作为世界先进国家的地位。由此可见，明治时代正是这样一种"走出去（攻击型）"的时代。

"明治"这一"语尾关闭的年号"是否发挥了某种影响，这一点无从知晓。但是，难道我们不可以说，最终的结果显然就是那样吗?

接下来的"大正"是一个什么样的时代呢?的确,日本将臭名昭著的"二十一条"强加给中国,正是大正四年的事情。不过,那并非大正时代特别制定的国策,原则上来说,那不过是在明治时代就已经着手推行的日本的亚洲政策的延长线上所发生的事情而已。

大正时代还有一段这样的历史:日本参加了第一次世界大战,并试图乘机将德国在亚洲的殖民地完全掌控在自己手中。但是,那也仅仅是追随了作为当时的世界大战这种世界现象的趋势,在此意义上可以说,与其说大正年代"创造了历史的进程",倒不如说它只是追随了"历史的潮流"。

单单从日本国内来看,在整个大正时代,政治上整体充斥着各种政见之间的对立,而且,资本主义与社会主义之间也在持续对立。在大正十二年(1923年)发生关东大地震之后,整个国家就完全穷于应对灾后重建。我们能够持续讲述的所谓"大正"这一时代的特殊的时代特征,终究未能形成。这完全就正如"大正"(Taisyou)这一"流动的年号"的语尾所体现的那样,不过是追随了时代大潮而已。

与"大正"相比,始于1926年的"昭和"则是一个充满鲜明个性的时代。但其内容本身存在很大的问题。尤其是在昭和年代的前半期，日本给中国、朝鲜半岛以及东南亚地区造成了难以估量的损害。毫不夸张地说，对我们日本国民来说，那也是一个令人痛心的时代。

但是，如果不考虑内容的好坏善恶，单就那个时代本身的特征来说，那完全是日本充分发挥了"存在感"的时代。甚至可以说，那是一个完全不逊于明治时代的"走出去（攻击型）"的时代。与"大正"时代相比，能够作为"昭和"这一时代而回忆的事情不胜枚举。

对中国而言，日本真的是满怀愧疚。在昭和时代，日本历经了"九一八事变"、建立伪满洲国这种疑似国家的政体、爆发"一系列战争"，以及1945年的日本战败等重大事件。当然，也许不能说，所有那一切都是"昭和"这一"语尾关闭的年号"的时代本身的所作所为。不过，我们谁也无法否认，其结果是，在"昭和"这一"语尾关闭的年号"的时代，是日本"发挥存在感的时代"，是日本"走出去（攻击型）"的时代。

不仅仅是在昭和时代的前半期，在昭和时代的后半期，也维持了这种状况。后半期也是"走出去（攻击型)"的时代。不过,不同的是"走出去(攻击型)"的手段。昭和时代的前半期显然是以军事力量为手段,而在后半期则与军事力量无关,完全采取的是和平的手段。

那是怎么一回事呢？在1945年的战败当时,日本整体的国民经济陷入崩溃状态,可以说,整个国家已经是一贫如洗。当然,"二战"之后爆发的"朝鲜战争"对战争的亲历者而言无疑是一场灾难,当时的日本却充分利用了这场战争。这一点也是无可辩驳的事实,并且,从20世纪50年代开始,日本致力于国家的经济重建,整个国民团结一心拼命工作,终于在20世纪70年代前后一跃成为世界第二的经济大国。但对于日本来说,并没有刻意以成为世界经济大国为目标。在从一片废墟中重新站立起来的过程中,似乎是一夜之间就发展成了世界第二的经济强国。当时,美国哈佛大学著名的日本问题研究专家沃格尔教授(Ezra F. Vogel)出版了一本名为《日本第一:对美国的启示》(*Japan As Number One: Lessons for America*)的专著。事实上,读后大吃一惊的反倒是日本人自己。因为对日本人来说,那一切不过是一种自然而然的结果而已。

1989年开始的"平成"时代,就正如大家实际感受到的那样，是一个"被动接受（防御型）"的时代。的确，在平成时代的初期，国际上也发生了诸如拆除柏林墙、"冷战"的结束等足以值得历史铭记的大事件。在日本国内，也发生了"泡沫经济的崩溃"这一完全宣告战后日本经济高度发展时期结束的事件。

不过，平成时代的日本对于国际上的这种变化并没有发挥任何积极的作用，自此以后，日本历经的时代是完全追随这种历史性事件所派生出来的历史潮流，可谓随波逐流置身事外。的确，我们不时听到"亚洲时代的来临"这种说法，但率先前行的是中国。相反，日本的国际地位正在持续下降，无论是在经济上还是在政治上，日本的影子都是日趋渐微。

日本在"平成"时代，地震、台风、暴雨、洪水等天灾也是接踵而至。后世的人也许会给"平成"时代确定"平成是一个多灾多难的时代"这一时代特征。真正要说"平成是一个什么样的时代"呢？记忆中，基本上没有什么能够真正代表这一时代特征的事件。这一点与明治时代、昭和时代大相径庭，反倒让人们感觉"平成"时代有点类似于此前的"大正"时代。

由此可见，"明治"时代与"昭和"时代是积极向世界展现存在感的时代，而"大正"时代与"平成"

时代则不过是追随历史潮流的时代。然而,这与年号语尾的发音的不同是完全一致的,并且是隔一个出现一次,是否是一种偶然的巧合呢?如果这一切不是偶然的话,那么,其中就理应存在某种科学上的根据。这种根据又是什么呢?我个人建议,今后最好能够就此展开系统的研究。

五、"令和"的含义

不管怎样,日本现在已经又拥有了"令和"这一新的年号。从我的角度来看,值得关注的是,"令和"是一个"语尾关闭的年号"。也就是说,日本此后又将迎来面向世界积极展现存在感的时代。

听到这句话,中国、韩国还有朝鲜无疑会产生戒备:日本是否又会像"明治"时代、"昭和"时代那样侵略亚洲呢,事情完全不是那样。

我打算从两个方面举证说明这一点:一方面是从"令和"这一单词的语源;另一方面是基于对近代日本历史的反省。

首先,"令和"的"令"当然是汉字,因而可以追溯其在汉语中的语源。

"令"可以分为上下两个部分。上半部分指的是屋檐下很多人聚集在一起的状态；下半部分似乎指的是跪着或者蹲着的状态。从这一语源中，就衍生出了把人召集在一起的"号令""命令"这一词汇。而人跪着或者蹲着的状态，则意味着那里存在一定的秩序，因而由此又出现了"法令""政令""命令文书"等法律用语。

　　在创造了"令"这一个字的古代，人之所以聚集在一起，我估计要么是聚在一起向天祷告，要么是因为将军为了攻击敌人而命令大家聚集。但是，从日本现在采取的民主主义的立场来看，之所以能够形成有序的人的集合体，是因为那里存在由国民自己制定的规则，国民具有遵守自己所制定的规则的意识。在中国，国家的所有权力源自人民，想必也是基于相同的原理。

　　至于"和"的意思，不管是在中国还是在日本，大家的理解都是一致的，因而没有特别解释的必要。将这种"令"与"和"结合在一起的，就是"令和"。

　　我是一名法学家，但我并不认为可以仅仅依靠法律来维持秩序。原本来说，没有法律才是最理想的状态。这是因为如果不是依靠法律，而是由道德来维持秩序，由此保全个人、集体、国家的利益，这是最好不过的。

　　道德这一单词听上去还是有些他律性的，因而我不是太喜欢。例如,之所以没有拿走别人落在马路上的钱包,不是因为担心受到法律的制裁,而是因为觉得丢钱包的人很可怜,正是出于这种想法而将钱包交给了警署或者相关部门。但是,很遗憾,人本身就是一种很难抗拒欲望的存在,仅凭这种所谓的道德心,显然是不足以维持秩序的。这里就需要法律来发挥作用,就需要存在如果违反就要被科处刑罚这种强制力的威慑。因此,还是必须确立法治主义。

不过,在此我想特别强调的是,从一个国家的理想状态来说,与法律相比,更希望是一个通过道德来维持秩序的国家。一个国家通过道德维持秩序的程度越高,就越是一个高水准的国家。在我看来,制定了"令和"这一年号,对日本人来说,对此就应该理解为,这正好给了日本为实现这种理想国家而努力的契机。

六、"令和"时代日本在国际社会中的作用

对日本来说,我认为"令和"时代的课题是,在国内,全体国民为将日本变成上述意义上的"高水准的国家"而努力,在此基础上,在国际上,为将日本变成完全不依靠武力而能为世界和平做出贡献的国家而

努力。

不论是发达国家还是发展中国家,犯罪率不断地大幅度降低、监狱或者劳教所中空房间不断增加的国家,或者说,即便将钱包或者护照遗忘在出租车上也一定能够找到的国家,应该说现在还不多。但这些难道不是所有国家都争相实现的理想状态吗?

另外,日本曾经试图通过武力来创造亚洲的"新秩序",但归于失败。这场战争不仅给周边国家造成巨大的伤害,还险些直接导致自己国家的灭亡。日本,不能重蹈覆辙!"二战"之后,日本作为"和平国家"才得以重生。我的主张是,日本今后不仅要继续坚持这种方向,更要成为能够为亚洲和平乃至世界和平做出贡献的国家。

如果我们问保卫国家安全的真谛是什么,想必所有人的问答都是"一旦敌人来犯,如何捍卫国土",这完全没有错。即便是作为和平国家的日本,那也是日本自卫队的最大课题。但是,反过来考虑的话,国家的国际政治与外交的真谛原本应该是"让敌人不会来犯",只有这才是最大的安全保障。如果没有其他国家来犯,就不会发生战争,因而也没有必要保有武力。

在"如果敌人来犯"的情形下,就得假想具体的

"敌人",被假想为"敌人"的国家当然不会有什么好心情。这样一来,国与国之间的信任关系就会愈发受到损害,也会愈发远离和平。就是从这一点来看,与"如果敌人来犯"这一视角相比,"做到没有任何国家来犯"这一视角要更加接近和平。

不过,对此观点想必会有这样的反驳:"做到没有任何国家来犯"这不过是空谈"理想",如果不能百分百地保证敌人不会来犯,"让敌人不会来犯"这种国家政策就是毫无意义的。这种反驳听上去似乎很有道理,但这里难道没有考虑"程度"的余地吗?这正是我的一贯观点。即便不能说是"百分百没有",但是,以"实际上很难想象"这一点为前提而制定国家政策,我想这也是经常会有的事情。例如,德国与法国之间的和平不过是这几十年以来的事情,此前,在长达数百年的时间内反复对抗并爆发了战争。德、法两国在第二次世界大战之后都对此做出了深刻的反省,并且主导性地创建了欧盟这一国际组织。现在,两国的经济已经相互交织在一起,基本上很难再发生战争了。在我看来,今天的法国绝对没有以德国可能会来犯为前提而加强军备、增加国防预算。也就是说,即便不能说"百分百没有",但它们已基本上不会有以此为前提而制定了的国家政策，这就是最好的例证。

如果所有国家都采取了"我不会进攻任何国家，也会做到没有任何国家来犯"这种方针，战争就会远离我们。现在的问题是，我们应该如何倡导并推进这种理想的国际政治体系呢？

关于这一点，我现在正在开展运动，推动一个很大的计划。这场运动的终极目标是在将来的某个时点，全体东亚国家的首脑能发表一份共同宣言："至少让我们东亚成为没有战争的区域。"作为具体措施，我考虑的是开展这样一种民间运动：由具有曾经在亚洲发动过战争这种经历的国家（也就是日本）的长者——那些85岁以上亲身经历过战争的人，怀着"绝对不能再发生战争"这种人生的最后的信念发出倡导，由他们首先向东亚各国的长者做工作，然后再进一步向东亚各国的一般国民做工作，最后举大家之力向东亚各国政府做工作。

当然，我也不知道最终能否实现这种构想。但是，至少进行这种探讨是很重要的。在探讨的过程中，就能够融入我刚才所介绍的理念，也就是，唯有"做到没有任何国家来犯"这种努力才是国际政治、国家外交的真谛。

在我看来，这正是日本在"令和"这一"语尾关闭的年号"的时代所应该发挥的作用。不同于"明治"

时代、"昭和"时代通过武力来发挥存在感，现在，高举和平的理论体系，为世界和平做贡献，日本应该以这种形式再次向世界展现存在感。这就是我的观点，这也是我今天以"从年号的视角看近代日本的过去与将来"为题所做的演讲的结论。

感谢大家的聆听！

中国有建设理想型社会的能力[*]

一、我与中国之缘

这次应邀参加关系到中国未来发展的高水平国际论坛,作为中国的老朋友,我感到非常高兴和荣幸。

我第一次访问中国是 1982 年 6 月,代表当时的工作单位早稻田大学,出席与北京大学缔结学术交流协议的签字仪式。此后约 40 年间,我 89 次访问中国,到过中国的 34 个城市。

20 世纪 80 年代前半期,中国当时虽已开始实行日后推动中国高速发展的改革开放政策,但那时的中国几乎与以前一样。那时在北京没有像现在这样的高速公路或者高

---

[*] 本文根据西原春夫先生 2021 年 10 月 14 日演讲稿整理而成。翻译:高庆凯,上海师范大学。

楼大厦；现在作为世界商业中心辉煌繁荣的上海浦东新区，彼时是农户散布、杂草丛生的农田。不只是这样的外在层面，精神内涵和现在相比也颇为不同。一言以蔽之，彼时大家都只考虑自己个体的事情和应完成的工作指标，几乎感受不到对周围人的关怀，更不用说服务精神了。那时，整体上还很穷，除了公务车以外几乎没有私家车。我至今仍会想起早晨的长安街上自行车群缓缓骑行的场景。

从国家政策和国家思想方面来看，当时虽然提出了改革开放政策这一大方针，但除基本的马克思主义以外，庞大的思想体系还没有确立起来。我认为当时也没有法治的概念。

我之所以刻意把对中国各位来说并不愿意回首的过去拎出来讲，是因为通过对比当时和现在，我们能从社会科学角度对这一既包括成功又包含曲折探索在内的伟大变化进行正确分析，据此有助于明确接下来到2035年基本实现社会主义现代化之前的努力方向。

从这一点来看，我作为一名社会科学者亲身持续观察这期间的变化，并且从外国人的视角思考中国的未来。我的想法或许多少可供中国各位参考。

二、从学术交流看中国 40 年的发展

过往 40 年来我与中国的联系，始于一般的学术交流，其形式主要是缔结中日大学之间的学术交流协议，以及在大学及其他学术机构进行演讲。本论坛的主办方中国社会科学院，在 2011 年接受了我这个外国人而且是日本人的全部要求，连续安排了六次演讲，这体现出多么强烈的求知欲。我在大学演讲数不胜数，就连法院和检察院，也能邀请身为日本人的我来演讲。

但不管怎么说，我在中国的最多的活动还是从 1988 年开始一直持续至今的中日刑事法学术交流。具体来说，主要是我创立并推动的"中日刑事法学术讨论会"，在中日之间轮流举办，每隔一年召开一次。

起初的时候，当时在社会中存在的口号话语被带到讨论会场上广泛地使用。但是，这种氛围从 20 世纪 90 年代中期开始几乎消失踪影，法解释学方向的严谨讨论占据主要部分。

作为新中国成立后中国刑法学的开拓者，当时学界元老都是以苏联刑法学为基础进行研究的，所以苏联式的犯罪论体系研究是当时的主流。

然而，正好从那时起，年轻学者们中间出现了以德国式犯罪论为基础构筑中国特色刑法学的动向。给我这个外国人的印象是，正因为出现了这种对立，所以才会通过两者相互促进、相互钻研的形式使中国刑法学的水平得以提高。

说到德国刑法学，日本在20世纪初制定新版的《日本刑法典》（1907年颁布）时受到了德国的影响。出于这一理由，从那时起就出现了将德国的刑法学服务于日本刑法学发展的倾向。从中国的角度来看，研究日本刑法学可以间接地理解德国刑法学。其便利之处是日文著作虽然夹杂着假名，但使用汉字，即使不会德语或日语，也能大致理解。

或许是这种优势在起作用。与我们中日刑事法学术研究会并行，日本的著作也被翻译成中文介绍到中国。另外，有意愿到日本留学的年轻学者也在增加。当时正好有一家日本公司成立了支援亚洲青少年赴日留学的基金，我担任该基金的运营委员长，成功地帮助了25位年轻的中国刑法研究者赴日留学。

我不清楚这些对现实是否有所贡献，但20世纪80年代尚未成熟的中国刑法学到目前所达到的水平，不要说是与有着100年发展历史的日本刑法学相比较，其甚至不亚于有数百年积淀背景的德国刑法学,甚至有超越德国的势头。这是令人惊叹的进步。

2018年正好是这项学术交流开展30周年,中国的诸位学者邀请10位日本学者在上海举行了纪念研讨会。那年恰逢我90岁,中国25位学者出版了厚达660余页的大型祝贺论文集,并赠送于我。大概他们是希望以此带来对我表达感谢和敬意。这种超越国界的深情厚谊和博大胸襟,让我感叹这正是中国发展的基础。

三、中国是以理想社会为目标而变化的国家

回想起20世纪80年代的过往,中国人民变得多么幸福,一目了然。道路未必平坦,但是中国每当出现问题的时候都会总结探索,努力克服。这是我长期观察到的事实。

外国人吃惊于中国的发展变化之大,但这大概正是中国的潜力。中国要解决的问题繁重,但中国的韧性也非常强大。我认为,这种跃动感和灵活性实际上是中国发展的根本。

不仅如此,值得注意的是,社会主义国家原本就以"朝向特定目标的发展和提高",即以"变革"作为政

策的前提。

欧美和日本等所谓自由主义国家,认为自己的价值观是永久存续的,所以它们存在的缺陷是很难采取旨在克服现状、建立理想社会的"发展、变化、提升"理论。

然而,正如马克思、恩格斯的主张所揭示的那样,社会主义所采的必然前提是以实现理想的共产主义社会为最终目标的"阶段性发展"。现在的中国也正处在社会主义发展的"征途"上。这不正是社会主义的强项吗?

在中国历代领导人中,最清晰表明社会主义国家的历史观、明确提出发展时期的目标和方法的,是习近平主席。2021年7月1日,习近平主席在庆祝中国共产党成立100周年大会上的重要讲话充分彰显了这一点。让我感触最深的是,习近平主席在讲话中,9次使用了"以史为鉴,开创未来"这一措辞。"从过去的经验教训中学习",只要这一教诲得到实践,中国的和平发展是毋庸置疑的。

四、人工智能催生的潮流与中国的发展方向

最后,结合本次论坛的主题,我想提出一个重要的建议,那就是在思考中国走向社会主义现代化的道路

时，一个非常有益的视角是"当人工智能发展到超越人类能力的程度时，人类的经济政治结构将会发生怎样的变化"。

例如，日本和欧美之所以采取"基于选举制度的议会制民主"，是因为它们认为要想将民意准确地反映于政治，唯有通过选举。在人类智慧有限的当时，这是当然的。随着人工智能的发展，如果能够比选举更准确地把握民意，具有明显缺陷的议会制民主则会失去存在的根据。

这一潮流发展的制度方向是少数优秀的领导层利用人工智能准确地把握民意，并将其反映到政治上进行统治。人工智能会比人类更准确地探索个人利益与公共利益、自由与约束之间的绝妙平衡。如果政府的决策与此偏离时，人工智能也会将其揭示出来。

最近，国际社会开始使用"民主与专制的对立"这个词，这种政体乍一看似乎与古老的专制制度相同，但本质迥异。较之所谓民主制，国家的治理模式更加依靠人民。

经济制度也是如此。虽然到目前为止，让每个企业自由活动会带来更好的经济效益，但由此产生了贫富差距过大、大气污染等破坏自然的弊端。如果国家综合性的、系统性地经济运营能够通过人工智能完整实现的话，那么，这些弊端就能够得到完美的解决。

听到这里，大家应该已经猜到我想表达的观点。在这个世界上，拥有与即将到来的人工智能时代的经济政治制度最接近的国家，正是中国。中国正在推进社会主义的现代化，并且在其延长线上的目标是建立马克思、恩格斯梦想却未能实现的社会。但实际上，由于时代，人类智慧未达到相应高度，他们的梦想未能实现。在人类历史上，中国首次获得了实现这一目标的有利条件。

我认为，人工智能的发达虽然潜藏着人类灭绝的风险，但如果人类能够尽全力、克服其弊端，人类史上将第一次被赋予实现理想社会的条件。中国如果将现代化之后实现理想社会纳入视野，若考虑与人工智能发展的关联，则这一道路更加清晰。

后　记

本书系日本著名刑法学家、教育家、社会活动家、早稻田大学原校长西原春夫教授的遗作。作为中日友好交流的代表性人物，西原先生自 1982 年首次访问中国，迄今已应邀在华演讲五十余次。前二十次演讲的内容已以《刑法·儒学与亚洲和平：西原春夫教授在华演讲集》为名，于 2008 年由我编集在山东大学出版社出版。本书系其第二本在华演讲集，收录了自 2009 年之后二十多次演讲中的十一篇。作为深受西原先生恩惠的刑法后学，我很荣幸承担这两本演讲集的编集工作。

本书由北京大学出版社出版。在此之前，北大出版社的蒋浩先生已将西原先生的《我的刑法研究》组织翻译出版。自此，"刑法长着一张什么样的脸？"这一蕴含深奥法哲学问题的问题，不仅成为西原先生关于刑法功能思考的标签，也成为青年学子研习刑法的法治之问。

然而，世间好物不坚牢，彩云易散琉璃碎。2023年1月26日，一个阴雨霏霏的冬日，一代刑法名家在东京辞世，享年94岁。随着莺初解语的3月逐渐退去，5月的上海迎来春暖花开的时节，世界层面ChatGPT横空出世。在此人工智能科技爆炸式迭代更新之际，出版西原先生的遗作《奇点临近：迎面而来的技术变革与法学家的课题》（以下简称《奇点临近》），不仅是对先生有关人工智能社会意义的远见重温，更是中日刑法学界同仁对先生高尚人格的一种敬仰和怀念。

高山安可仰，徒此揖清芬！

一、告别

2023年新年初始（1月4日），中国疫情尚未平息，突然接到西原先生的孙子西原正博的越洋电话，才知西原先生因病住院，心里立时紧张起来。于是，赶紧向北京大学陈兴良教授、中国刑法学研究会贾宇会长（时任浙江省人民检察院检察长）、上海交通大学季卫东教授等西原先生的故交汇报了病情。贾宇会长（现任上海市高级人民法院院长）对先生的病情甚为挂念，嘱咐我代表他本人、中国刑法学研究会向西原先生表示慰问，叮嘱先生安心养病，待其身体康复后再来中国访问。陈兴良教授、季卫东教授等中国法学界同仁也以各种方式对西原先生表达了慰问之意。

由于实在担心先生病情，1月5日我预订了22日去东京的机票，给西原先生去信报告了我的行程，说明了《奇点临近》的出版进展，同时附上蒋浩先生发来的书籍清样照片。西原先生很快回信说，希望能在24日、25日出院后在东京与我会面。

1月22日，我来到东京，翌日便与正博及其母亲西原恭子女士在日比谷公园的松本楼会面。松本楼是孙中山先生与宋庆龄女士的证婚人梅屋庄吉的孙女经营的一家酒店，格调典雅，环境清幽，一直是西原先生宴请来日中国友人的所在。2008年5月，日本前首相福田康夫也曾在此宴请应邀访日的中国国家主席胡锦涛。2008年3月—2010年4月，我来东京大学留学，当时八十岁高龄的西原先生也曾在此为我接风、送行。如今故地重游，想起还在医院与病魔抗争的先生，听着恭子女士和正博说着先生的病情，内心无比悲伤。

通过恭子女士和正博，我了解到以下信息：（1）先生病情。系因年轻时抽烟过度，疾患间质性肺炎入院，由于年届高龄，病情极其凶险，时好时坏，西原正博说："爷爷也许随时就会走了"。（2）医院探视。虽探望先生心切，但医院规定任何人不能前往，即使病人家属也不例外。当然，如病人病情好转或恶化，医院会随时通知家属。（3）治疗态度。入院前，先生特别嘱咐家人：如康复无望，则拒绝一切延命治疗，自然老去，态度非常坚决。（4）三份遗言。也许先生已知此次入院凶多吉少，于是通过视频的方式留下三份遗言：一份给西原家族；第二份给早稻田大学，由自己的弟子、原早稻田大学名誉教授高桥则夫先生负责转达；第三份给中国的同仁，由我转达，并拜托我全权处理身后所有与中国有关的事务。（5）书籍捐赠。剩余藏书1万余册，法律类书籍8000册左右，悉数捐赠给中国的上海交通大学凯原法学院。由此，我对西原先生的人生志向、心之所系及其对生命与死亡的态度有了更深刻的认识。

此次会面，还获赠一本恭子女士记载其丈夫西原博史的回忆录，从相识相知到生离死别。西原博史，原早稻田大学比较宪法学教授，西原先生的独子，2018年1月22日因交通事故不幸身亡，此时距西原先生90岁生日不到2个月。2018年3月3日，祝贺西原先生九十华诞的"中日刑事法交流三十年"学术研讨会按原计划在上海召开。为感谢先生对中国刑法理论发展、人才培养做出的重大贡献，以高铭暄教授为首的中国刑法学同仁出版了祝贺文集《刑法知识的更新与增长》，由我主编，北京大学出版社出版。如今感受着当年恭子女士的丧夫之痛、西原先生白发送黑发之伤，心痛，无以言说。

本来说好 24 日、25 日会面，但这两日并无先生的任何消息，心头掠过一丝不安。26 日上午 11 点，我接到了先生逝去的噩耗。听着电话那端正博低沉的声音，无语凝噎。

28 日，我到设在新宿公营社的灵堂祭拜西原先生。看到躺在白色棺椁中的先生神态安详，面色红润，似熟睡一般，又立时想起先生三十多年的坚守，无论中日两国政治风云如何变幻。眼泪夺眶而出，不能自已。以后的中日刑事法交流，再也看不到西原先生的身影了！

29 日下午 4 点，西原先生的葬礼在东京都杉并区光明院的观音殿举行。我与高桥先生约定前往送别。3 点左右抵达时，高桥先生早已和西原先生的家人守候在殿前，随后先生的弟子、亲朋，森喜朗、福田康夫等日本政界要人，早稻田大学的前任与现任校长以及其他师生，山口厚教授、佐伯仁志教授、松泽伸教授等日本刑法学界的同仁也陆续到达。

因为葬礼尚未开始，高桥先生先带我进入灵堂。拾级而下，中间经过一个连廊，廊内一条6米左右长的案台，上面顺序陈列着记载西原先生一生生活、工作的资料和照片，内容涵盖对华交流、个人著述、家人生活、求学生涯、早稻田的工作岁月等。我注意到，对华交流资料和中方唁电放在了醒目的案首。

进入灵堂，首先映入眼帘的是前方由白色鲜花组成的花台，上方悬挂着西原先生的巨幅遗像，花台前摆放着西原先生获颁的瑞宝大绶章。我又一时禁不住泪下。遗像中的先生，神色威严，但嘴角含笑，"刑法有一张慈父的脸"再次浮上我的心头。灵堂左边则顺序竖立着6架木质祭板，祭板上嵌满了写有供花者名号的木牌，中日不少名流与单位位列其中。日本一侧，既有森喜朗、福田康夫、鸠山由纪夫、二阶俊博、野田毅等政界要人及白井克彦、镰田薰、田中爱治、曾根威彦、田口守一、大谷实、高桥则夫等学界人士，也有日本刑法学会、日中协会、早稻田大学、国士馆大学、日本私立大学联盟等相关单位；中国一侧，既有高铭暄教授、陈兴良教授、贾宇会长、王牧教授、季卫东教授等著名学者，也有中国刑法学研究会、中日刑事法研究会、上海交通大学凯原法学院、武汉大学法学院等中国相关研究会和知名学府。从葬礼的规模、供花者名单及参加告别的人员来看，一生致力于对华友好的西原先生得到了中日两国社会各界的高度评价，身后尽享哀荣。

下午4点，告别式正式开始。我随着高桥先生、佐伯先生、金先生等日方同仁，向西原先生做最后的告别……西原先生，再见！请一路走好！

二、追忆

随着时光流逝，告别会的细节也许会变得模糊，但西原先生在我心中的形象愈加立体清晰。先生是日本杰出的刑法学家、教育家、社会活动家，同时也是孙子慈爱有加的爷爷、儿子略显严厉的父亲、弟子教导有方的恩师。年轻时的西原先生，还是心中充满理想主义的文学青年、大学运动会上的游泳健将、痴迷于刑法理论探索的"青椒"。所有这一切，构成了西原先生成就斐然、多姿多彩的一生。

1928年3月13日，西原春夫出生于东京都武藏野市的一个书香门第。父亲西原庆一，日本语教育学者，曾著有《日本儿童文学史》，1966年被授予四等瑞宝勋章；叔父西原宽一，大阪市立大学商法教授；堂弟西原道雄，神户大学民法名誉教授。小学时代朗朗上口的唐诗，使西原先生从小就对给日本文化带来决定性进步的古代中国文明充满了敬畏。但是，日本军国主义对中国及周边国家人民造成的伤害，也给时已17岁的西原先生的思想造成了强大冲击，由此产生了对中国以及周边国家的赎罪情感。所有这些因素，成为西原先生一生对华友好的情感基础。

1949年西原先生考入早稻田大学第一法学部，1953年师从齐藤金作先生研究刑法，1962年以《间接正犯的理论》获得早稻田大学法学博士学位，1967年升任早稻田大学教授，1982年至1990年就任早稻田大学第十二任校长。主要著作有：《间接正犯理论》（1962年）、《刑事法研究》（1967年）、《刑法总论》（1968年）、《交通事故与信赖原则》（1969年）、《刑法的根基与哲学》（1979年）、《判例刑法研究》（1980年）、《大法庭判决巡历刑法》（1982年）、《早稻田的谷穗永远盛放——我的师、友、人生》（1995年）、《犯罪实行行为论》（1998年）、《德国刑法总论》（1999年）、《二十一世纪的亚洲和日本》（2002年）、《日本的进路 亚洲的将来——来自未来的剧本》（2006年）、《我的刑法研究》（2015年）、《明治维新的光与影》（2019年）。曾获得早稻田大学、北京大学、中国人民大学、武汉大学、山东大学、俄罗斯远东国立工科大学等20多所大学的名誉教授头衔，及澳大利亚悉尼大学等6所大学的名誉博士学位，被授予瑞宝大绶章，获得德国政府第一级功劳十字勋章、上海市政府白玉兰奖章。2023年2月24日，日本政府在内阁会议上决定将1月26日去世的西原春夫先生授为"从三位"的勋位。①

作为日本著名的刑法学家、教育家，西原先生学为人师，行为世范，治学严谨，为中日刑法理论发展和人才培养做出了重要贡献，在全球刑法学界产生了极大影响。其学术思想主要如下：（1）关于刑法机能，认为刑法的本质机能是规制机能，即通过预告对一定的犯罪要科处一定的刑罚，来明确国家对犯罪的规范性评价；（2）关于犯罪论体系，认为犯罪是违法有责的行为，犯罪论体系应当由行为论、违法论和责任论三部分组成；（3）关于实行行为，明确提出应以被利用者（直接实行者）的行为时点作为间接正犯的着手时点；（4）关于过失犯的注意义务，认为注意义务是避免犯

---

① 根据日本明治二十年（1887年）5月6日的《授位条例》规定，正三位、从三位受到子爵的礼遇。在宫中席次中，正三位、从三位是排在勋三等·男爵之上、子爵之后的位次。敕任官就任时被授予从四位，三年后才被授予从三位。在军衔上相当于陆军上将。现在，主要是国会议员、都道府县知事、事务次官、外局长官等获得二等勋章的人或取得同等功绩的人，或者是学者、艺术家等获得文化勋章授勋的人，一般在去世后被授予此勋。

罪事实实现的义务（结果回避义务），但是过失犯中的注意义务与不作为犯中的作为义务不同，是应该采取一定的内部性态度的主观方面的义务；（5）关于信赖原则与交通犯罪，首次系统地将信赖原则从德国介绍到日本，对学说和实务上过失论的发展做出了重要贡献；（6）关于刑罚权的根据，认为国家刑罚权的根据不是国家和社会的需求，而是国民的欲求；（7）关于犯罪各论的体系，打破了以往按照侵害法益对犯罪进行分类的传统做法，按照犯罪学的、社会学的类型来进行分类，如分成"政治犯罪""公务员犯罪""交通犯罪""医师犯罪""公害犯罪""暴力团犯罪""公司犯罪""证券交易犯罪"等类型；等等。

作为卓越的社会活动家、立场鲜明的"和平主义者"，西原先生以其个人学术成就和人格魅力促成大量国际学术交流工作，在国际学术舞台具有重要影响。2005年，其领衔设立了特定非营利活动法人机构"亚洲和平贡献中心"并担任理事长；2015年，其创办东亚国际法秩序研究协会并担任会长，为推进亚洲和平事务和加强民间文化交流倾尽心血。西原先生也是著名的"知华派""友华派"，在中国法学界享有崇高威望，对中日两国刑法学术交流、人才培养和文化传播做出了杰出贡献。先生不仅积极推进早稻田大学与中国各大学的学术交流与合作，还作为中日刑事法学术交流日方的奠基人、开拓者和推动者，与我的恩师马克昌先生、高铭暄先生共同发起、召开了迄今已持续30余载的"中日刑事法学术研讨会"，并与马先生、高先生结下了超越国界的深厚情谊。西原先生心怀对华友好，通过"安田和风纪念亚洲青少年交流基金"资助包括我在内的20余位中方青年学子赴东京大学、早稻田大学等日本著名高等学府留学，如今这批学者已经成为中国刑法学界的中坚力量，并持续推动着中日两国刑事法的学术交流。与此同时，西原先生还鼎力支持中方学者组织出版"当代日本刑事法译丛"，极大地拓展中国刑法学的问题视野和研究论域，有助于中国刑法学的理论拓展和本土构建。所有这些，都推动了中国刑法学的知识更新与增长，并最终成功促成中国刑法知识的转型。

三、演讲集

《奇点临近》这本书是西原先生的第二本在华演讲集。与其刑法学家、和平主义者的立场一以贯之，本书内容主要涉及刑法学、对华交流以及东亚和平三个领域。

关于刑法学，西原先生对日本的刑法学说史进行了回顾，对日本刑法与刑法学的现状、日本的犯罪与刑法的现状、刑罚论与行刑学的重要性等进行了详细的分析。我想，西原先生的这些研究，对我们思考中国刑法发展的方向、中国刑法的处罚边界、犯罪学与刑法学的关系、刑罚论与行刑学的重要性等具有重大借鉴价值。

关于对华交流，西原先生在《中日刑事法学术交流以及与马克昌先生的友谊》一文中，从中日刑事法交流的发轫、发展阶段，到交流形式、研讨内容、双方参与人员等进行了详尽的回顾。正是通过这些交流，中国刑法学开阔了视野，提高了研究的层次和品位，特别是一些概念、范畴，乃至命题、理论的引进，对中国刑法学的发展产生了深远影响。

除此之外，文中还以很大的篇幅深情回忆了西原先生与我的恩师马克昌先生相识、相知、相交的整个过程，表达了他对马先生崇高人格魅力的欣赏、敬仰之情。2011年6月22日马先生去世；2012年6月，纪念马先生逝世一周年国际研讨会召开，西原先生再来武汉大学出席会议。故地重游，当年的主人已驾鹤西去，物是人非，恍若隔世，西原先生是何等悲伤。2018年6月

15日，年届耄耋的西原先生，带孙子正博千里迢迢专程来到武汉再次看望肝胆相照的挚友。坐在马先生铜像身边，西原先生一边挽着马先生的胳膊，一边诉说着对马先生的强烈思念，泪流满面，在场师生无不为之动容。——这篇文章，正是西原先生当时看望马先生的真实写照。

关于对华交流部分，演讲集还收录了《中国有建设理想型社会的能力》一文。这是西原先生应邀在中国社会科学院、《中国社会科学》杂志社于2021年10月14日主办的大型国际会议上的主旨演讲。透过西原先生的文字，我们可以真切地感受到先生对中国改革、进步、变化的喜悦之情，对中国未来发展的满心期待。随着科技发展的迭代更新，大数据、人工智能在现代社会发挥着越来越重要的作用。西原先生敏锐地看到了这一点，提醒中国在思考国家的未来走向时，务必将可能给经济政治结构带来重大变化的"奇点"纳入视野之中。从最近ChatGPT等生成式人工智能的发展来看，西原先生当年的这一提醒多么富有远见！

以上是《奇点临近》的主要内容。

关于本书的翻译，还有以下几点需要说明：

第一，文章翻译讲究风格统一，追求信达雅。但是，由于十一篇演讲由不同译者翻译，因此，演讲集的语言表达可能无法做到同一风格，只能力求达意而已。敬请读者诸君多加包涵。

第二，由于演讲年限跨度长，西原先生已无法查找到日文原文，当时的译者是谁可能也有遗漏或谬误。但是，无论是否有误，相信译者一定与西原先生生前多有渊源。因此，其中如有谬误，还请译者多加谅解。

第三，2018年之后，西原先生在中国的演讲有二十余篇。但由于有些内容多有重复，因此，我对二十余篇演讲的内容进行了删减合并，最终确定为十一篇。

以上，还请各位读者批评指正。

四、遗志

葬礼结束后，西原正博向我转达了先生的遗言："从1988年起至今，我所创办的中日刑事法学术交流已经35年。正是因为从事了中日友好等各种工作，我的人生才如此幸福。"西原先生弥留之际仍念念不忘中国，一方面表达了自己一生的坚守，另一方面也表达了对刑法学后辈继续推动中日学术交流的强烈愿望。

作为刑法后学的我们，惟有继承先生遗志，持续推动中日学术交流与合作,让中日友好世代相传,才能告慰先生在天之灵。

最后,借用《诗经·天保》一诗表达对先生的怀念:

> 如月之恒,
> 如日之升,
> 如南山之寿,
> 不骞不崩。
> 如松柏之茂,
> 无不尔或承。

西原先生千古!

于改之
2023 年 5 月 29 日
于上海交通大学凯原法学楼